El
ROMANTICISMO
en la
MÚSICA

El ROMANTICISMO *en la* MÚSICA

Dr. ADALBERTO GARCÍA DE MENDOZA

Copyright © 2019 por Dr. Adalberto García de Mendoza.
Editora: Elsa Taylor
Fotografía: Patty García De Mendoza

Número de Control de la Biblioteca del Congreso de EE. UU.:   2019918258
ISBN: Tapa Dura   978-1-5065-3076-5
           Tapa Blanda   978-1-5065-3077-2
           Libro Electrónico   978-1-5065-3078-9

Información de la imprenta disponible en la última página.

Fecha de revisión: 29/11/2019

Para realizar pedidos de este libro, contacte con:
Palibrio
1663 Liberty Drive
Suite 200
Bloomington, IN 47403
Gratis desde EE. UU. al 877.407.5847
Gratis desde México al 01.800.288.2243
Gratis desde España al 900.866.949
Desde otro país al +1.812.671.9757
Fax: 01.812.355.1576
ventas@palibrio.com
805465

ÍNDICE

Ricardo Wagner

La Sonata Y El Romanticismo

La Sonata ha vivido las formas más austeras en Mozart, Haydn y aún en Beethoven. Ya en éste último artista la Sonata adquiere unas modalidades que la presentan a veces como una verdadera variación y otras como un poema musical.

En el Romanticismo la Sonata tiene un aspecto muy variado. Es así como en Brahms adquiere la forma más bien clásica que romántica. Es el equilibrio entre la tradición austera, firme en sus tiempos y lo fatuo como intento de una confesión íntima que más bien va al contenido que a la estructura. En Schumann adquiere un aspecto romántico y filosófico, pues los pensamientos de este artista son siempre profundos y de gran nobleza en la concepción. Pero ahora en Chopin, la Sonata adquiere vuelos tan alejados de su naturaleza prístina que parecen más bien fantasías que verdaderas sonatas.

En general la Sonata en el romántico, supone transformaciones no sólo en la forma, sino también en el contenido. Es así como se pierde constantemente el plan del tiempo Sonata que sabemos consta de tres partes: exposición, desarrollo y reexposición; combinación en las tonalidades y precisión en la modulación.

Ahora se encuentra la carencia de estos elementos y sucede, a veces, que los motivos fundamentales se deforman y llegan a ser excluidos. Es el sentimiento romántico que sólo se fija en la emoción y pierde el apoyo de la inteligencia. Ciertamente que la Sonata en Mendelssohn, lo equilibrado y lo propio acontece en Brahms, pero en Chopin el desarrollo va hacia grandes lagunas e inmensas transformaciones.

La vida de la Sonata puede interpretarse relacionándola con el devenir de la historia general y aún más con la evolución artística. Como esta vida comprende la época que viene desde Felipe Emanuel Bach, y aún antes, hasta la época presente, es natural que sufra la influencia del clasicismo, del romanticismo y tantas corrientes de la época contemporánea.

Ricardo Wagner y sus Fuentes. Música del Futuro

Conferencia del Dr. Adalberto García de Mendoza
Pronunciada en la Sala Manuel M. Ponce del Palacio
de Bellas Artes el día 18 de octubre de 1938

Nace Wagner en el año de 1813 en una ciudad, la más artista de Alemania. Leipzig. Su familia tiene la inclinación al teatro y este ambiente le favorece. Su obra es de tipo revolucionario, deshecha la técnica de la Opera anterior, quiere una renovación en el arte, de tal manera, que todas las manifestaciones artísticas se unan en una sola: la Opera.

Su vida de joven fue triste. Va a París buscando ambiente y no lo encuentra. Es llamado por un monarca a Alemania para dirigir el teatro operístico de Dresde. La revolución lo llama a sus filas y con el fracaso de ésta, es desterrado a Suiza.

Pero no obstante esta vida de tristeza y penuria su obra ha comenzado: la opera Rienzi con ideas libertarias, el "Buque Fantasma" y "Tannhauser" señalan ya los comienzos de esa cumbre del arte operístico como es "El anillo de los Nibelungos".

Para comprender sus ideas y sus obras es necesario leer sus escritos, especialmente los siguientes:

"La obra de arte del Futuro"
Das Kunstwerk der Zukunft.
"La poesía y la música en el drama del Futuro".
Dichkunst und Tonkunst.
"La música del Futuro".

El espíritu de Wagner fue romántico y revolucionario. Por su romanticismo supo extraer de su conciencia los dramas más apasionados. Tuvo ideales irrealizables y cada obra suya señala un intento de resolver la miseria de la vida y surgir en un mundo espiritual lleno de belleza y bondad. La Tetralogía o sea el "Anillo de los Nibelungos" trata del oro maldito, de la ambición que siempre lleva infelicidad:" El Parsifal" es el acto de renunciación a la vida y la entrega a la beatitud; "los Maestros Cantores" corresponden al ideal de un arte nuevo desposeído de las reglas tradicionales y caducas; "Tristán e Isolda" es la expresión de un amor imposible y la renunciación a la vida.

El espíritu revolucionario de Wagner está en el propio drama. En él hay un compendio supremo de las artes, la música es tan interesante como la poesía, la escultura, la arquitectura, la danza, son manifestaciones comprendidas en esa obra que en alemán se conoce como Gesamtkunstwerk.

Revolución a la técnica del canto y de la música. En lugar de dar preferencia al canto y convertir a la orquesta en simple acompañamiento, hizo de ambos elementos un todo con la misma importancia. Deshechó aquellas óperas que eran lucimiento de voces con gorjeo y calderones, técnicas sin sentido, y en cambio combinó la voz con el conjunto orquestal, con el contenido literario, con el ambiente de la escena y dio al drama una unidad jamás conseguidos en aquellos tiempos.

Su estética tiene dos fuentes: el amor por la tragedia griega y la concepción romántica en el campo de la filosofía.

La Tragedia Griega.

La tragedia griega, máxima expresión de la cultura clásica, es el compendio de todas las artes. Aun se recuerda al pueblo atenience en grandes teatros al aire libre. Había creación literaria y musical. Testimonios son aún ahora, las obras de Esquilo. Eurípides y Sófocles. Escritas en cuatro partes recibían el calificativo de Tetralogías.

La filosofía romántica.

El segundo campo que nutre la Monte artística de Wagner es la Filosofía romántica del Idealismo alemán con Fichte, Schelling y Hegel y además con la tesis pesimista de Schopenhauer y la concepción de proyectiva sentimental de Feuerbach.

Es la idea sublime de la libertad la que ilustra la Filosofía de tipo romántico llamada del Idealismo alemán.

Discípulos de Kant, alentados por un subjetivismo metafísico descubren que la existencia del Yo es un engendrarse a sí mismo (Fichte), la naturaleza y el espíritu unidos e identificados son la revelación de lo absoluto (Shelley); la historia es la realización del espíritu objetivo y este no es más que la realización de la libertad. (Hegel).

Doctrina de Fichte.

El mundo ha de ser el material de nuestra actividad, existe porque un valor, el bien moral deber ser realizado. Las cosas del mundo no son "cosas en sí" sino para nosotros y somos aquello que queremos hacer de ellas. El yo finito tiende al yo absoluto y por lo tanto debemos tender a la infinitud.

Para seguir la voz de la conciencia debemos libertarnos de los intentos naturales y por lo tanto llegar a la libertad originaria y completa. Llega a ser inmortal, eterno, imperecedero tan pronto como obedezca a la razón. "La vida de Dios es ser libre en él".

Doctrina de lo puramente romántico.

Siguen los pasos de Fichte. El yo absoluto de este filósofo se convierte en el yo empírico e individual, así como la imaginación creadora del mundo en la fantasía del artista.

Novalis dice; "El mundo se hace sueño, el sueño se hace mundo".

Federico Von Schlegel: la necesidad racional que se encuentra en la actividad pura del yo absoluto llega a ser lo artístico del hombre genial. En la obra clásica se pierde el creador, en lo romántico se presenta en primer término el artista. Es la ironía que inunda toda la vida.

Doctrina de Schelling.

En su sistema de Identidad compendia la naturaleza y el espíritu como revelaciones del absoluto. Pues nada hay absolutamente muerto, ni nada absolutamente desprovisto de espíritu. En todas partes hay forma impresas que se desarrrollan viviendo. Son en realidad, el telar del tiempo como dijera Goethe en su Primer Fausto

El mundo es una poesía divina. La historia es un drama. La obra de arte es donde el yo absoluto logra la intuición de si propio y se aprehende como unidad, es a la vez libertad de lo inconsciente y de lo consciente. El Universo es la obra artística de Dios.

Krause desarrolló el aspecto panteísta de Schelling. Jacobo Böheme ilustra a Schelling sobre la esencia de la libertad.

Filosofía de Hegel.

Y el pináculo de esta filosofía de la libertad está en Jorge Guillermo Federico Hegel:

"Todo lo finito es esto: asombrarse a sí mismo" No busca Hegel un yo pensante y absoluto como el de Fichte, ni la identidad entre la naturaleza y espíritu, sino va al proceso del pensamiento que crea libertad.

Bases todas estas que Wagner aprovecha en todos sus dramas y hacen de él un mundo nuevo de belleza y bondad.

Fuentes de la inspiración wagneriana.

Podemos señalar las siguientes fuentes de esta magnífica producción wagneriana.

En primer lugar su tendencia al clasicismo griego, En el ambiente cultural de la Alemania y aun de Europa de aquel entonces se encontraba el entusiasmo por las formas clásico heleno-romanza. Los estéticos como Winklemann y Lessign dedicaban sendas páginas para estudiar la estatuaria, el drama, la arquitectura, de los pueblos griego y romano. Había el intento de restaurar el equilibrio y la proporción del arte griego, la fuerza y el dinamismo del arte romano.

Ahora bien Wagner tiene como finalidad el crear una obra perenne y tiene que recurrir al ideal clásico. Pero hay un hecho sorprendente. Para lograr este propósito recurre a los procedimientos románticos y a los objetivos también románticos del nacionalismo.

Debe recordarse que Gluck, una centuria antes, había tenido el mismo propósito. Pero su teatro operístico toma, no sólo los modelos clásicos, sino los mismo motivos. Es así como escribe sus operas sobre Orfeo, Efigenias, etc. y logra restañar el contenido y la forma helenista. En cambio Wagner, suspira por la forma y emplea los motivos muy cercanos a su época como son del romanticismo.

King des Nibelungen es una forma que recuerda las tetralogías de Esquilo, el más clásico de los trágicos griegos. Tristan und Isolda con esa pasión desbordante, así como Parsifal nos recuerda a Eurípides en sus reflexiones filosóficas a través del Drama; y la ironía de Aristófanes se encuentra en los Meistersinger von Nüremberg.

El uso del coro griego, que ahora es la orquesta, comentado las escenas y los estados de ánimo, es una reminiscencia del teatro griego y aún de la técnica escénica del Oriente. La realización conjunta de todas las artes señala también ese ideal griego que era manifestación pletórica de belleza en todas las manifestaciones de que el hombre puede disponer. La homérica, el verso de Píndaro, la tragedia de Sófocles, la estatua de Fideas, las danzas dionisiacas, el equilibrio apolíneo del templo y la profundidad de esa poesía filosófica de Platón; son el sustentáculo de la inspiración wagneriana.

Pero hay un propósito interno. La patria alemana le entrega a Wagner una tradición enorme. La cultura de tribus bárbaras, germanas y celtas especialmente, es de un valor incalculable. Hay allí la mitología más rica en el recinto del Walhala, la fastuosidad de sus ceremonias y el lenguaje de sus cantos. La patria alemana también comprende el arte gótico de fines de la Edad Media, arte que tiende al infinito en crucerías y ventanales; la canción de los cantores del amor y de los Maestros Cantores como que llevan todo el espíritu de esos ciudadanos alemanes de los siglos XI al XV. Espíritu caballeresco, religioso y amoroso, pletórico de tradición y de costumbres regionales.

Y Wagner toma estos motivos. Los héroes mitológicos de sus tragedias fuera en un tiempo, allá por el siglo antes y después de Jesús, los dioses paganos, encendidos en odios y amores y envueltos en verdaderas fantasías.

Wottan, Siegfrido, Brunhilde, las Walkirias, etc, hacen vivir nuevamente esa religiosidad de las tribus semisalvajes del Norte, ricas en paideumas de los pueblos jóvenes y batalladores.

Pero también Wagner se ilustra por el sentimiento piadoso de esa Edad Media germana, de esas oraciones que se esculpen en Colonia, en Nuremberg con piedras formando las catedrales del gótico; de esas canciones de edad de cortesía y de esa literatura que sabe guardar religiosidad, individualidad y afecto a la tradición.

Comenta y aprovecha Eldas y los Nibelungenlied y es el genio nacional que como pocos han sabido conservar el espíritu germano a través del arte.

Tendencia nacionalistas en la Alemania de Wagner.

Jacobo Grimon investiga en aquel entonces los idiomas germánicos sobre una base científica de filología comparada. Otros investigadores se dedican a la épica de la Edad Media en Alemania, especialmente a los Meistersingers y Minnesingers que, como bien sabido es, señalan una época nacionalista de belleza extraordinaria. Así también, de tiempos más lejanos los Eddas y los Nibelungenlied son objeto de mayor atención.

En una palabra, la arqueología, la filología, la jurisprudencia comparada, la historia, la estética y aun la ciencia de la religión ocupan las mentes de los sabios alemanes.

Wagner sabe apreciar estas conquistas. Siente en su pecho esa poesía de la Alta Alemania que fuera cantada por Walther Von der Vogelweide, Gottfried Von Strassburg y Wolfram Von Eschenbach de castillo en castillo, de aldea en aldea, llevando el laud y despertando la caballerosidad del amor y la hidalguía de los señores feudales en sus conquistas.

Es la Alemania de los siglos XII al XV, con una cultura arraigada en las costumbres de los pueblos primitivos germánicos, una ideología con mezcla de la religión nacional y del cristianismo; ciudades en donde las casas, los templos, los jardines, las fuentes, siempre tienen ese sello característico del espíritu alemán.

Toma Wagner de estos cantores sus propias melodías y sobre todo sus leyendas. Pero más lejos, sabe aprovechar las leyendas mitológicas de los dioses germánicos y entonces elabora nuevamente ese mundo del Walhala en donde las pasiones y virtudes son aún más violentas que las que nos relata Homero y Hesiodo al referirse al Olimpo Griego.

Lo clásico y lo romántico en la obra de Wagner.

Es necesario distinguir, con claridad, las dos influencias: clásica y romántica, que recibiera y puliera Ricardo Wagner.

Se puede decir que este enorme músico aprovecha lo romántico para llegar a lo clásico. Utiliza la sensibilidad del romántico y llega a lo perenne, a lo estable, a lo perfecto del clásico.

Del estilo clásico, aprovecha la forma de la tragedia griega. La Tetralogía de los Nibelungos es una reminiscencia, de la tragedia en manos de Esquilo. De Eurípides toma su carácter y sabe trasladarlo a dos enormes poemas operísticos: Tristán und Isolde y Parsifal. De Aristófanes, en ese sentido cómico y satírico sabe pulir su ópera Los Maestros Cantores.

El espíritu clásico es el reconocimiento a una severidad en la forma, a una objetividad en el contenido a un ideal de serenidad y perpetuidad. A este espíritu le dedicó Wagner su máxima idea, y el propósito de un arte del futuro en que las formas corresponden a un contenido sustancial.

En cuanto al aspecto romántico se encuentran la riqueza del detalle, las emociones intensas, el mundo de la fantasía, la pintura tonal, la armonía cromática y la paleta orquestal tan llena de fuerza y viveza.

Los mismos motivos y desarrollo de sus argumentos de sus óperas son románticos. Es el amor, la mística, el odio, la religiosidad, la libertad, etc., lo que ha de servir de fondo a Tristán e Isolda, Waltan, Brunhilde, Sigmundo, Sigfrido, Sancho, etc.

En el campo de lo clásico sabe no olvidar el papel del coro, pero lo confía a la orquesta. Esta hace el comentario, las insinuaciones, descubre lo invisible para los actores y entrega las soluciones de los conflictos del drama. Es la técnica a que había llegado Beethoven la que aprovecha en la orquesta. Son los leit-motifs que van a entregar el sentido oculto, simbólico de la obra en melodías de la orquesta y en modulaciones admirables de la más pulida armonía.

Caracteres del drama Musical.

Las reflexiones de Lichtenberger sobre la naturaleza del Drama Musical como lo imaginó y realizó Wagner son de índole superior. Pensemos en ellas:

Wagner empieza su obra de una manera intuitiva, sabe entonces apreciar los hechos históricos de la antigua Alemania, sobre todo la actuación de los grandes emperadores de la Edad Media, y el valor simbólico y artístico de las leyendas y mitologías germánicas. En ese instante trata de relacionar la vida heroica de Sigfrido con Federico Barba Roja, creando un drama colosal, intuye la sublime realidad de Jesús de Nazareth y la joya clásica de Aquiles en la culta Grecia. Son motivos de inspiración.

Pero, en ese instante reflexiona sobre la época de la cultura. Unas en que el amor y la fraternidad predominan entre hombres y entre obras, son las épocas de síntesis. Otras, en que el odio y la incomprensión dan origen a la dispersión.

Si esto acontece entre los hombres hay también el mismo hecho entre productos del espíritu.

Grecia sabe hacer una síntesis suprema: la tragedia. Esquilo, Eurípides y Sófocles llevan todos las manifestaciones artísticas a este expresión teatral y realizan esa maravilla que tiene la rebeldía de un Prometeo.

Ciertamente, la tragedia nace en una necesidad de la Nación. Aún más, de una exigencia religiosa. Ella conjunta la poesía, la música, la estatuaria, la danza y la mímica.

Pero pasa el tiempo, lo que estaba sintético se empieza a disgregar y es "porque el hombre se opone a la naturaleza, y en el hombre, el espíritu a los sentidos". "En vez de contemplar analiza". Es el pensamiento el que disgrega, es la razón la que encastilla la intuición. Por eso mismo "la cosmogonía hace lugar a la física y a la química; la religión se transforma en la teología y filosofía; los mitos se convierten en la crónica histórica; al estado natural sucede el Estado Político basado en los contratos y en la ley; el arte se trueca en ciencia y en estética."

Ha acontecido esa pérdida del sentido de que nos hablara Lautseu en su Tao te King. Ahora hay ciencia en lugar de sabiduría, hay moral en lugar de sana fraternidad, hay reglas para la belleza en lugar de existir la libertad creadora.

Las artes se disgregan, y cada una de ellas trata de expresar el sentido humano, y naturalmente fracasa. Para nosotros, la misma filosofía como amor a la sabiduría, es una disgregación de esa austera y profunda manera de practicar la sabiduría en el Oriente. Después de esto, vuélvese hacia la síntesis. Esto lo vislumbra el genio de Beethoven, pues ciertamente dice Lideteberger "la música necesitaba el concurso de la danza para proporcionarle sus ritmos, de la poesía para dictarle su melodía, de la palabra para conceder un sentido preciso a sus fantasías".

Y por esto mismo construye sus tres últimas Sinfonías Beethoven: la Séptima, la Octava y la Novena que el estético compendia magistralmente. "Después de zarpar del continente de la Danza, (7a Sinfonía), atravesó el océano de la armonía (8a Sinfonía), para arribar a la tierra prometida del Verbo, (9a Sinfonía)".

Fue el hallazgo del verso de Schiller con el entusiasmo en la alegría, el que hace de Beethoven el forjador de un mundo nuevo.

Ya la música aislada de las demás artes no basta, venga esta música de las mentes prodigiosas de Haydn, Mozart o Mendelsohn. Ya el drama literario no puede satisfacer a este anhelo sea la tragedia shakesperiana, la clásica francesa de Racine y Moliere, el drama clásico de Goethe y el libertario de Schiller. Ni una, ni otra son belleza viviente.

Hay que unirla a la palabra con la música.

La finalidad de la poesía, dice Wagner, es siempre, en último análisis, describir el alma humana, el "hombre interior", con sus pasiones, sus emociones, sus alegrías y su tristeza y suscitar, mediante esta descripción, un estado del alma similar en el espectador.

La música, por otra parte, es esa expresión directa y adecuada de la emoción para la cual se encuentra incapaz la palabra.

Mientras la palabra es idea pura, abstracción, análisis, la música es emoción y sentimiento.

Rudisheim am rhine
Alemania

Síntesis.

Y ahora, llegaré según la visión de Wagner a la síntesis en que luce un solo tema: el eterno humano; alejado de todo elemento convencional.

Este tema sublime es el resultado de una tragedia que tiende a interiorizarse, a florecer en música, pero también tiende a ser una Sinfonía que tiende a exteriorizarse en una acción verbal.

El tema es la síntesis de todo, y esto es el alma humana. Microcosmos donde convergen todos los mundos según Aristóteles, donde fulguran todas las manifestaciones del Universo en visión de Monada como pensara Leibniz.

El eterno humano es la esencia realizada en Sigfrido y en Parsifal. Pináculo de belleza en toda la plenitud de la conciencia humana.

Antecedentes.

¿Antes habíase pensado en esta síntesis de palabra y música? Si, Lessing, el creador del Laoconte piensa que la naturaleza ha destinado a la poesía y a la música, no tanto a unirse, como a formar un solo y mismo arte. Herder, el pensador de la filosofía de la historia suena en el advenimiento de una obra de arte en la que se unirán la poesía, la música, la música y el arte de la decoración. Schiller, el creador del drama sobre el espíritu libre de Guillermo Tell, quiere un drama, no realista, sino simbólico, en el cual la naturaleza, en vez de estar directamente representada, se hallaría únicamente sugerida mediante la ayuda de elementos simbólicos. Goethe suspira por la unión suprema de las artes en una obra del futuro.

Y Goethe y Schiller son la expresión de la poesía viviente. Y Lessing y Herder al pensamiento de la estética cuando se la sabe vivir.

El problema radica dice Lichtenberger en ver donde pueden encontrase el poeta y el músico, no cómo pueden unirse la poesía y la música.

Y este punto de conexión lo hemos dicho; es el eterno humano en una suprema aspiración al bien y a la Divinidad.

Frente al tema fundamental.

¿Se encuentra en la historia el tema del eterno humano? No. Sólo se halla, para Wagner en el mito y en la leyenda. He aquí un mundo de meditaciones y sugerencias. La historia es la narración de la vida del hombre en el tiempo y en el espacio. Su desarrollo para algunos filósofos es la realización de una idea suprema, para otros es una proceso inconsciente, lleno de sorpresas y creaciones inesperadas.

Pero el mito y la leyenda son la expresión de algo más que la historia. Hay un fondo de vida que se ennoblece con el manto de la fantasía y de la belleza. Cuando esta existencia llega a leyenda y a símbolos entonces es que ha penetrado en el pueblo, ha llamado al espíritu de la nación y entonces, lo que es muerto adquiere plenitud y verdad, bondad y belleza.

Con cuanta razón Spengler quisiera la historia dentro del sino, y entonces había que llevar la atención al mundo de los símbolos, de los mitos, de las leyendas; a la región más alta de la poesía y de la música; de la filosofía que tiene a la vida, de la ciencia que descubre mundos de inteligencia en justa coordinación, no con el conocer, sino con la sabiduría.

¿Y qué tema más enorme es el de la antropología filosófica? Esencias eternas sólo vislumbradas por la fluidez del pensamiento de Scheler y vívidas en la intuición de Shakespeare y Beethoven, de Miguel Angel y la Duncan.

Por el camino de la tragedia shakesperiana y por la Sinfonía beethoveniana se llegara al drama wagneriano. Porque el poeta inglés supo la naturaleza última de todas las pasiones y virtudes; porque el sordo de Bonn oyó los dolores supremos del espíritu y la liberación del mismo. Y se completaron en esa síntesis wagneriana que es refugio de dramas literarios y de poemas entonados en la música.

Síntesis fundamental.

Pero la síntesis no viene siendo mezcla de elementos extraños unos a otros. Tal era la ópera antes de Wagner. La Música el Ballet, la Poesía, el Decorado vivían existencias aisladas y a veces antagónicas.

Ahora hay que realizar la síntesis. Espontánea y necesariamente brota la melodía del verso y del argumento literario. La orquesta es entonces, no el acompañamiento, sino el alma de los personajes, en sus presentimientos, recuerdos, reminiscencias. En cambio en su perpetua cadencia.

Una concepción de la vida y del mundo
en el drama wagneriano.

Para llevar a efecto el ideal wagneriano es necesario transformar el ambiente social y político. No es posible en una sociedad dominada por el odio, por la ambición del oro y por una concepción racionalista de la naturaleza y de la vida, crear el drama que lleva tanto fondo moral y es la síntesis esplendorosa de todas las artes en una contribución de belleza.

El pensamiento de Wagner es el de que a una sociedad determinada corresponde una manifestación de cultura especial. La tragedia y el drama griegos sólo fueron posibles en un ambiente de tanta serenidad y equilibrio como fue la polis helénica. La concepción trascendente de un reino celestial cristiano, sólo es posible en una sociedad en que la idea religiosa domina todos los aspectos de la inteligencia, de la voluntad y de la emoción.

Así también, el drama redentor del anillo de los Nibelungos, de Parsifal camino de beatitud, sigue un ambiente colectivo en que se desecha el odio y se afirma el amor y la fraternidad, se repudia el análisis frío y escueto de la razón y se raya al campo bello de intuición que sabe apreciar los poderes de espíritu en los dominios de la verdad o mejor dicho de sabiduría, y de los valores morales, justos y religiosos.

Wagner, hace un siglo, va a la revolución armada. Fracasa ésta y entonces es expulsado de Dresden. Sin embargo el cree que en el arte ha de encontrar la fórmula de salvación de la humanidad y la liberación, por consiguiente, del espíritu.

Por eso mismo va a la leyenda, al mito, forjados en épocas en que el paideuma es juvenil y sabe dar a luz las mas bellas concepciones de la vida y del mundo. Por eso mismo piensa en dramas que representen la vida en rebeldía a la esclavitud de un Prometeo, el dolor para la salvación del hombre en un Jesús de Nazareth y realiza el Parsifal en que beatitud sólo se consigue por el camino de la pureza espiritual.

En 1830 se crea un movimiento en Germania que lleva el nombre de la Joven Alemania. Espíritus de todas clases propagan de nuevo un resurgimiento de la cultura tradicional teutónica. Hay desborde de entusiasmo y todo converge en un nacionalismo romántico.

En 1848 Wagner descubre la filosofía de Feuerbach que lleva gérmenes revolucionarios que alentaran también la mente de Marx y Engels. Se crea en el hombre como sustentáculo de toda cultura. Se reniega de los valores trascendentes a la vida, de las religiones que doctrinan sobre un mundo después de la muerte. Se estima que el hombre es el que crea a sus dioses y debe dedicarse exclusivamente a su vida terrenal.

No se admiten las leyes porque no tienen esa libertad que el hombre apetece para semejarse a la planta, a la flor, al fruto, productos naturales de la creación.

Wagner también llega a conocer la rebeldía de Nietzsche que pugna por el superhombre y reniega de la bondad de Dios. De este filósofo que cree en la fuerza más que en la moral, que estima en su obra "Also Sprach Zaratusthra" que el hombre debe retornar al hombre mismo y dejar las montañas de ensueños y a los dioses de fantasía.

Wagner va traer intentos de esta naturaleza, pero sin embargo rectifica su error, y al final de su vida sabe escribir un Parsifal que es adoración de Dios en el pináculo de la bondad, del sacrificio y de la limpieza y pureza del espíritu.

Es así como Wagner pugna por el desarrollo natural y espontáneo del amor. Sólo por este camino el hombre puede llegar al altruismo y entonces a la fraternidad universal. El romanticismo que se inicia en Beethoven llega a su último término en Wagner, y si es Beethoven la expresión de la libertad, en el creador del drama musical es la afirmación del amor y de la santidad.

Ama et fac dice San Agustín, y continúa virtus est ord amoris, la virtud es el orden en el amor. Y afirmaremos sobre esta base: a los ojos del amante florece la sabiduría.

Por supuesto que es un amor espiritual, de ese de que hablara el Banquete de Platón que sirviera de base a la filosofía Politica, y de sustentáculo a la doctrina de Jesús de Nazareth y de los grandes Padres de la Iglesia, especialmente de San Agustín y Gregorio Nazianceno.

Quitando lo que pudiera imaginarse de pecaminoso en el drama de Tristán e Isolda de Wagner, puede señalarse la exclamación profunda de un éxtasis en el amor uránico. Urania la diosa de la astronomía.

Pero ¿cuál es el contenido de esta obra?

Veamos en primer lugar su naturaleza filosófica, ideológica para llegar después a un análisis musical.

Once pilares del pensamiento.

Hay el deseo de presentar a un héroe que haya luchado por la libertad. Es la llama de la juventud prepotente y llena de paideuma idealista. Escribe entonces: Rienzi, sobre la novela inglesa de Bulwer-Lytton y referida a ese héroe romano que intentara restaurar en Roma la República.

Sobre la leyenda y no sobre la historia, porque en aquello hay poesía y más verdad, eternidades y se encuentra la esencia del hombre, Wagner escribe un drama en que el deseo del reposo aparece después de las contingencias de la vida. Es el Buque Fantasma. Bella narración que Heine inmortaliza.

El conflicto entre la vida sensual, grosera y la espiritual y sublime. Combate que se desarrolla en toda alma joven y que lleva dolor, alegría, angustia. Aparece Tannhäuser, con el maravilloso torneo de Wartburg.

Pero, el drama del artista aparece. Hay un secreto en la vida del artista que jamás puede ser revelado a los hombres. Ellos no comprenden este don celestial. Es la virtud divina que a pesar de descender hacia los hombres, estos no la entienden y la envilecen.

Los tres momentos representan:

<u>Búsqueda de la paz por el camino de amor piedad.</u>

Deseo vehemente de paz después de la intranquilidad de la vida.

Tal parece la exclamación de Fray Luis de Lera:

> "Que descansada vida
> la del que huye del mundanal ruido
> y sigue la senda, por donde han ido
> los pocos sabios que en el mundo han sido.

El canto espiritual de Rilke:
"Und das est Leben

> Y esto es la vida. Hasta que de una ayer
> surja la hora más solitaria de todas:
> la que, sonriendo de otro modo
> que las demás hermanas,
> guarde silencio, hacia lo eterno.

Dem envigen entgegenschweigt.
El verso de Anthero de Quental:

> Dorme o teu sono, coracao liberto,
> dorme na más de Dens eternamente:
> Duerme tu sueño, corazón liberto,
> duerme en la mano de Dios eternamente.

Se inspira en la leyenda del holandés que vaga eternamente a través de los mares, sobre un buque fantasma, con tripulación de espectros. Sólo llega a la paz el navegante por el sacrificio de una mujer que se arroja a las aguas del océano.

Leyendas que son el reflejo de Odiseo en Homero, el Judío errante en el doloroso drama del Gólgota. Pero mientras Odiseo va en busca de su patria Itaca, Judas en anhelo de muerte libradora, en el holandés errante sentía renuncia al amor mundano que siente por Erik para llegar al amor piedad que es el único que puede librar el holandés de una maldición.

Es la búsqueda de la paz, renunciando al amor de Afrodita y llegando al amor cristiano de la piedad.

Triunfo de lo espiritual sobre lo sensual.

En la segunda obra, Tannhäuser hay la lucha de lo sensual y lo espiritual. Tanhäuser es el pecaminoso que arrepentido de sus pecados consigue la gracia Divina. En el desarrollo del drama se presenta el torneo entre las más grandes minnesinger de Alemania en Edad Media, celebrando en Warterburgo. Hermoso episodio que da marco a la acción de lucha también, entre el apetito de goce y la sublime idealidad de un renunciamiento ascético. Entre el amor el de Venus y de Isabel. Si vence en el torneo poético, la hija del Laudgrave Hermann la tendrá por esposa. No llega este momento, y sólo encuentra el ataúd de quien pidió por el perdón, muriendo en el acto de profunda contrición.

Dualismo de la naturaleza humana. Bien contra mal. Sólo el momento sublime es capaz de hacer morir la naturaleza sensual y hacer resurgir la bondad del espíritu.

Llamado del hombre al reino de la Idea Pura.

Busca el hombre la paz para concentrar el poder de su espíritu, llega a vencer al mal en el arrepentimiento supremo y ahora es el artista que llama al reino magnífico de la Idea Pura, de la belleza absoluta para ennoblecer su paz y su purificación.

El artista, es la humanidad doliente, siempre implorando bienes. Pero también es la humanidad que no comprende el bien divino cuando este llega a su corazón.

La Divinidad no pide compresión porque esta no llega en cualquier instante, sino en suprema actitud espiritual; sólo exige un poco de ternura, un amor lleno de fe y de esperanza.

He aquí un nuevo enigma; Sólo que el camino del amor absoluto, de la fe pura puede el hombre librarse de las garras de lo finito, de lo relativo y de lo sensual.

Cuando la humanidad ha tenido ese bien supremo, ella deja a un lado la plenitud de su ser en el amor y quiere dominar al mundo, a la vida con la razón y el análisis. Vano intento. El éxtasis de un momento, la mística unión desaparece ante la ambición desmedida de la humanidad.

Si el Buque fantasma es la búsqueda de una actitud espiritual. Taunhäuser es la lucha de bien contra el mal, venciendo en el instante en que la bondad ha desaparecido dejando un halo de perdón; en Lohengrin es la belleza, el espíritu supremo que llega al hombre mismo, y éste, incomprensible lo repudia bajo el poder de la ambición.

Búsqueda vana de paz. Vencimiento inútil en combate por el bien. Dádiva inútil de Dios a quién no piensa quererle y amarle.

Es el comienzo de una concepción de vida pesimista. Es el reflejo de quien busca y halla para no conservar, vence y en el momento de tiempo muere, ha logrado la misericordia Divina y no ha comprendido el significado por su propia incomprensión.

En este momento Wagner comienza un nuevo drama. Es el del Anillo de los Nibelungos, que es Redención del hombre por el hombre mismo.

Es el drama que se encuentra en el mundo; ambición por bienes materiales y abnegación por el reino del amor.

¿Será la gradual extinción del ansia de vivir?

Para nosotros es Redención del mundo por la esencia de lo humano.

La leyenda germana relata la vida de Sigfrido luminosa y bella y el tesoro maldito que guardan los Nibelungos. La leyenda escandinava refiere el Crepúsculo de los Dioses. Wagner prepone a la tragedia humana, la tragedia divina. Es la esencia de que la humanidad triunfará cuando se realice la caída de los Dioses. La alegría de vivir, el amor humano llegará a florecer en el instante en que el terror de los poderes de los dioses se oculta en el reino de la muerte.

La primera ópera, de la Tetralogía se referirá al oro del Rhin. Alberico Nibelungo roba a las ondinas el tesoro oculto que convierte en un anillo de poder. Wotan le arrebata este maléfico tesoro, lucha sin tregua hasta que se contempla el incendio del Walhalla o cielo de dioses y el mismo Wotan se arroja al abismo de la nada.

Hay aquí dos grandes hechos. El amor triunfa sobre el poder material. El reino de la fantasía vése perdido cuando la luz de la inteligencia y del amor domina a los hombres. Dos liberaciones: aquel que viene de la materia y sensual y aquel que sólo encuentra ilusiones para el más de la muerte.

Más tarde Wagner ha de forjar una obra, el Parsifal, en donde hay una revelación divina, el Santo Grial o sea la copa donde se conserva la sangre de Cristo ha de verse iluminado, en viernes Santo, por el Espíritu Santo. Toda una epopeya de la religiosidad con la grandiosa iluminación y el fervor de la santidad.

Pero antes hemos de encontrar otro drama:

Ascensión a lo beatífico por el dolor de la renunciación.

Es Tristán e Isolda. Dos amantes que renuncian al amor mundano para entregarse a la idealidad de una paz de Nirvana que sólo se descubre en la muerte.

Es el apogeo de la renunciación. En medio de una gran pasión fervorosa y cruel nace el sentido de un no querer ni desear, en cambio en anhelo ferviente de eternidad.

Es la ópera de renunciación, como lo es la filosofía de Budha. Ya que todo es dolor, que el Sermón de Benarés es de verdad en el dolor para llegar a la paz que no anhela, así es el amor de los amantes que prefieren la muerte en propósito de liberación.

Del Anillo de los Nibelungos que es triunfo sobre la materia por el espíritu, liberación de fanatismos, ahora se ha llegado a una cumbre; el amor y el deseo deben sublimarse para que en un instante de muerte surja el bello espectáculo de la vida eterna.

1.- Amor a la libertad en el devenir de historia. (Rienzi)

2.- Búsqueda de la paz por el amor piedad. (El Buque Fantasma)

3.- Triunfo del espíritu sobre la materia. (Tannhauser)

4.- Idea pura que llega al hombre pero que sin embargo no llega a comprenderla. (Lohengrin).

5, 6, 7 y 8.- Iluminación de la virtud sobre la ambición. (Tetralogía del Anillo del los Nibelungos).

9.- Renunciación para conquistar la beatitud y el amor eterno.

Seis escalones de perfección que conducen a un humano a la sinceridad en el arte como es la ópera de "Los Maestros Cantores" y la odisea completa sobre el deseo como preludio de una existencia gloriosa y santa como es el contenido de Parsifal.

La verdad.

Tal es el motivo de los Maestros Cantores. El arte verdadero triunfa sobre el arte falso y engañoso. Y la verdad descubre el corazón bondadoso, la pasión sincera, el entusiasmo de un espíritu abierto. La antigua y bellísima ciudad de Nuremberg, con casas de techos puntiagudos, sus catedrales e iglesias góticas, y la plácida canción del amor de Hans Sach son motivos que adornan la poesía de Walter, la belleza de su alma y en el fondo el persistente himno de renunciamientos.

La beatitud.

Y para coronar esta serie espléndida llégase a describir al héroe del renunciamiento, al santo, al puro, al limpio de corazón.

Ya no es el héroe de la pasión es el consciente por la piedad. En el primer acto de esta obra: Parsifal tiene la revelación del sufrimiento y de la piedad; en el segundo acto su piedad se convierte en consciente; en el tercer acto, cumple su acto redentor y logra la armonía del alma y del universo.

Parsifal es simple porque ignora la maldad del mundo; es puro porque no tiene ningún mal deseo.

¡Cómo llega a esa plenitud Wagner!

10.- Triunfo de verdad sobre lo arcaico y artificial y
11.- Himno a la pureza en logro de beatitud. (Parsifal).

Once columnas que pueden compararse a esas nueve de Beethoven, pero con la diferencia que son cantos de liberación e himnos de renuncia a las vanidades del mundo.

El drama musical en la historia.

La tragedia griega realiza la sublime concordia de la orquéstica o danza, la poesía y la música. Eduardo Schuré al escribir su Historia del Drama Musical nos ha entregado los más deliciosos atisbos de la génesis y desarrollo de esta síntesis de artes, Brevemente haremos referencia.

El Drama Musical hizo su aparición, por primera vez, en la tragedia griega. Se debe a la reunión de las artes y la tendencia filosófica de la unidad en el hombre.

En grecia se ofrecen cinco grandes períodos de cultura:

1°.- La civilización primitiva de origen pelásgico. Saturno reina entre los Dioses y los Titanes, Cibeles y la Ceres arcádica tienen cultos especiales.

2°.- Se pasa a la Edad homérica. Este gran poeta nos presenta el genio jónico, despreocupado y ligero. Si el espíritu pelásgico es grave, el de los jónicos da alegría e inquietud a Grecia como un arte juvenil en que los reyes y pueblo combaten, el rapsoda canta y Zeus domina en el Olimpo.

3°.- Aparece la edad lírica.- Es el paideuma de la madurez. Más fuerte, más consciente, el espíritu dórico domina. Es el compendio de la gracia jónica y la dulzura eolia. Tiempo en que Pitágoras desarrolla la filosofía de los números y de los símbolos. Safo y Píndaro cantan, Apolo reina en Delfos y los dioses se acercan a los hombres.

4°.- Aparece la Edad trágica. Grecia, la inteligencia, vence a Persia, la fuerza. Es Atenas el cerebro del mundo. El reinado de

Dionisos está en todo su vigor. Eutres a los trofeos de Marathon, hay el grito de Prometeo con el genio de Esquilo, el himno de Solamina y la despedida angustiosa de Antígona en el drama de Sófocles.

5°.- Por último, viene la guerra del Peloponeso. La eterna filosofía de Platón llama a las escenas eternas, Alejandro se arroja sobre el Oriente y empieza la profunda meditación de Aristóteles.

En un principio fuera la danza y la epopeya. las formas que tendrán a la unidad de las artes.

La gravedad pelásgica, el heroísmo dórico y el genio alado de jonia se unen para formar la unidad helénica.

Fue la época de los pelásgicos cuando la mitología aparece con un esplendor primitivo y voraz.

EL ANILLO DEL NIBELUNGO

DE
RICARDO WAGNER

POR EL
DR. ADALBERTO GARCIA DE MENDOZA

El Anillo del Nibelungo

Las dos versiones

Ricardo Wagner emprendió dos veces la tarea de convertir en drama el ciclo de leyendas de los Eddas: la primara, antes de la crisis que experimentó en el ario 1848; la segunda, después de terminar sus -obras teóricas fundamentales, en el año 1852. La comparación de esos dos trabajos sobre los Eddas puede sernos de gran utilidad tanto para facilitar la comprensión general de la nueva forma de drama creada por Wagner como para mostradnos mas claramente qué es lo que en la segunda concepción.- El Anillo del Nibelungo.- constituye el verdadero drama.

La primera versión que Wagner hizo de los Eddas se encuentra en el segundo volumen de sus escritos, bajo el titulo "El mito de los Nibelungos, proyecto de drama "(Escritos y poemas de R. Wagner, vol. II, página 202). Esta versión comprende exactamente la misma serie de hechos que El anillo del Nibelungo. Empieza con el robo del oro con que Alberico forja el anillo mágico y termina con la muerte de Sigfrido y de Brunhilda. Sin embargo, las dos obras se diferencian por completo.

El primer proyecto no es más que un ensayo, muy hábil con todo, para llevar a la escena el mito de los Nibelungos tal como los Eddas nos lo transmitieron. En la segunda versión, por el contrario, el antiguo mito sólo está reproducido en parte: el marco exterior del poema puede considerarse el mismo, pero la verdadera acción ha sido trasladada enteramente al interior. Hemos visto ya usado el mismo procedimiento al llevar a la escena los argumentos de Tristán e Isolda y de Los Maestros Cantores; y por otra parte, ya habíamos descubierto anteriormente que ésta es la condición fundamental que exige la nueva forma dramática.

El segundo poema no tiene de común con el proyecto anterior y con las antiguas leyendas más que el marco general, y constituye, en consecuencia, una obra del todo nueva. Para demostrarle con facilidad expondremos uno por uno sin detenernos en detalles los puntos capitales que separan una versión de la otra.

I.- En la primera versión no se habla para nada de la maldición del amor. En cambio, en la segunda, según las propias palabras da Wagner: "el motivo de donde deriva todo el drama, hasta a la muerte de Sigfrido, es la idea, de que solo quien renuncie al amor podrá adquirir el poder sobre el oro". ¿Cabe diferencia más notable, si lo que forma al propio cimiento del Anillo del Nibelungo no está ni siquiera mencionado en el primer proyecto?

II.- Como consecuencia de esta distinción de fondo, en el primer proyecto el conflicto entre el amor y el oro no puede presentarse. No encontramos en aquél ninguna de las escenas en que dicho conflicto se manifiesta, así es que no existe la pretensión de los Gigantes a la posesión de Freya, ya que desde el principio reclaman el Tesoro; Fafner no mata a Fasolt, sino que ambos viven tranquilamente, haciendo custodiar el tesoro por un dragón. Y en El Caso de los Dioses, Waltrauta no viene a suplicar a Brunhilda que devuelva el anillo a las Hijas del Rhin.

III.- En el primer proyecto se invoca con frecuencia a Wotan pero únicamente como a dios supremo, y nunca aparece en la acción corno un personaje principal, sino sólo formando partea de la colectividad da los Dioses, frente a la de los Gigantes o a la de los Nibelungos. Por lo tanto no existe ninguna de las grandes escenas de Wotan que encontramos en El Anillo del Nibelungo: Wotan y Mine, Wotan y Alberico, Wotan y Brunhilda (La Walkyria, acto segundo), Wotan y Edda, Wotan y Sigfrido. La única excepción es la escena de Wotan y Brunhilda que cierra el tercer acto de la Walkyria, o sea el castigo de Brunhilda, que existe en ambas obras. En cuanto a las escenas de las Nornas y de Waltrauta, que en El Anillo del Nibelungo so refieren por completo a Wotan, en la primera versión sólo eran simples relatos.

IV.- La culpa de los Dioses proviene, en la primera obra, de que al robar el anillo "enterraron la libertad, el alma de los Nibelungos, debajo del vientre del dragón. Robaron su poderío a Alberico sin proponerse ningún fin elevado, y las imprecaciones de Alberico contra los Dioses son, por consiguiente, justas "(Escritos y poemas de R. Wagner, vol. II pág. 205).

V.- Cuando, por la muerte de Sigfrido y el retorno del anillo a las Hijas del Rhin, aquella culpa queda expiada, los Dioses recobran su primitiva condición de dominadores del mundo, y un coro entona las alabanzas de Wotan: "¡Reina sólo tú, oh Padre¡ ¡Oh Todopoderoso¡"

VI.- En un apoteosis, Brunhilda, convertida de nuevo en Walkyria, atraviesa los aires conduciendo a Sigfrido hacia los Dioses, y proclama "el poderío eterno" de éstos, mientras promete a Sigfrido "un sin fin de delicias". Y al mismo tiempo Alberico y los Nibelungos vuelven a ser felices, liberados del yago del anillo, que vuelve de nuevo a las Hijas del Rhin. En la segunda versión por el contrario, la muerte de Sigfrido sirve para "revelar a una mujer la luz eterna", mostrarle "lo que es útil al Dios". Brunhilda, por su propia mano, enciende "el fuego en la estancia resplandeciente del Walhala"...."¡Descansa, descansa, oh Dios¡" Y ella misma, imitando el renunciamiento de Wotan, "cierra detrás de sí las grandes -puertas abiertas del Eterno Porvenir, para entrar en la celeste -región elegida, la región donde no se conocen deseos ni ilusiones"...

La Acción Dramática

Después de haber indicado las diferencias fundamentales que hacen de esos dos dramas, tan semejantes en apariencia, dos obras absolutamente distintas, no hay necesidad de insistir en una porción de detalles que acentúan todavía esas diferencias: tales son los hechos de que Sigmundo tenga mujer; que Sigfrido sea el que mata a Hunding, en lugar de ser Sigmundo; que Sigfrido forje su espada bajo la dirección de Mine, etc.

Veamos, por lo tanto, que la primera versión lleva de un modo evidente el sello de la época en que Wagner aun no había descubierto la verdadera naturaleza de la nueva forma de drama, ni la manera cómo el poeta debe encargar su misión. Realmente, ya ara una empresa genial el haber condesado en un drama claro e interesante toda la confusión de los viejos mitos; pero, a pesar de ello hay que reconocer que esta obra respondía todavía menos a las condiciones esenciales del drama wagneriano que el mismo Tannbauser, por ejemplo. ¿Si Wagner no hubiese escrito este primer proyecto, habría escogido más tarde el mismo asunto para componer un drama? Es posible saberlo, pero parece probable que lo habría concebido de manera muy diferente.

¿No justifica esta suposición el modo como ha tratado los poemas épicos, de Tristán e Isolda y de Parsifal? Pero como que poesía aquel proyecte tan sólo como punto da partida, o más exactamente lo conservó como marco para componer El Anillo del Nibelungo, que, por tal motivo, vino a ser una obra tan distinta en sus fundamentos de Tristán e Isolda como de Los Maestros Cantores, y a la que podemos considerar como el tipo de una tercera variedad de drama accesible al poeta-músico ¿Pero cómo pudo el poeta transformar la primera versión en un drama de orden puramente humano, que demande y justifique el concurso de música? Casi nada se cambió en la marcha de los acontecimientos, pero el poeta transportó al interior, a las profundidades del alma humana, todo lo que constituye la verdadera acción. El verdadero drama ya no consiste en las aventuras que la epopeya describe con tan minuciosos detalles sino que reside en la evolución interna, invisible. Y todo lo que en ella hay de eternamente verdadero en oposición a lo arbitrario de la palabra y que ésta ocupa en el drama el lugar que de derecho le pertenece en su calidad de madre del drama y de arte supremo. Veamos de que medios se ha valido el poeta para conseguirlo.

En primer término cambie los principios motores del drama, substituyendo las luchas que atizaban la ambición y la rivalidad de los personajes por un conflicto enteramente interno entre le sed de poder y el deseo de amar: "Solamente el que renuncio el amor podrá dominar el mundo". Además, este conflicto, que presenta aspectos distintos son cada uno de los personajes, supo concentrarlo en toda su grandiosidad en el alma de uno solo. Votan, superior a todos los demás: pues para él el conflicto alcanza un significado representativo de toda la humanidad y causa el hundimiento de un mundo. Tal es la nueva acción dramática en El Anillo del Nibelungo. El drama se inicia con el sueño de "poder eterno" de Wotan y termina con el incendio del Walhala y la muerte de los Dioses....... "¡Descansa, descansa oh Dios¡".

Hay que reconocer, no obstante, que la estructura de este drama, por razón de su forma casi épica, es mucho más complicada que la de los otros. Será provechoso, en consecuencia, estudiarlo de cerca, y entraremos así más a fondo en el conocimiento del drama wagneriano al mismo tiempo que comprenderemos mejor la gran tragedia de Wotan.

Fijémonos, en primer lugar, en la manera como Wotan desaparece de la escena en el curso de la Tetralogía. En el Oro del Rhin, donde se trata de crear la imagen visible que ha de manifestar a los ojos y al entendimiento el alma de Wotan, éste apenas si abandona la escena. "El poeta toma une porción de hechos dispersos, tal como los percibe la razón actos, sentimientos, pasiones, y los hace converger en un punto único. "Este punto único es el alma de Wotan, el cual aparece claramente corno el centro de todo lo que sucede y de todo lo que vendrá. Realiza por sí mismo actos decisivos, pero lo más característico es que todos los hechos de la acción afluyen a él y sólo por la impresión que producen en su alma van adquiriendo una significación clara, un sentido preciso, relacionado con el conjunto de la acción. El prólogo de la Tetralogía nos presenta, pues claramente e Wotan como al protagonista de la tragedia.

En la Walkiria todavía es él el principal actor, en el sentido etimológico de esta palabra; él es quien ocupa durante más tiempo la escena, paro le mitad del drama aparece ocupado por acontecimientos en los cuales ya no interviene directamente, aun cuando sea él su verdadera causa lejana.

En Sigfrido sólo aparece Wotan una vez por acto, y únicamente de una manera indirecta ejerce aun cierta influencia sobre el curso de la acción: el principal personaje de la obra, Sigfrido, ni siquiera lo conoce, ni nada sabe de él.

Finalmente, en El Ocaso de los Dioses, tan sólo en los compases finales aparece su imagen a lo lejos, cuando el incendio del Walhala ilumina el cielo con su resplandor; pero no se halla ligado a la acción más que una sola vez y de un modo muy indirecto: en la escena en que Waltrauta suplica a Brunhilda que devuelva el anillo a las Hijas del Rhin. Entonces habla de Wotan, "que sentado en su sitial, silencioso y solemne, espera el fin". Pero ni los Gibijungos, ni Sigfrido abrigan el menor presentimiento de que exista alguna relación entre su destino y el de Wotan.

En el curso de la Tetralogía Wotan va alejándose cada vez más de nuestra vista, hasta desaparecer por completo. Más no hay que engañarse: no sólo sigua siendo el mismo centro del drama, sino que a medida que la acción avanza va concentrándose más y más en su alma, y llega a no tener otro sentido que el relacionado con ella. Examinemos la marcha da la acción a través de las cuatro partes un prólogo y tres jornadas de la Tetralogía.

En El Oro del Rhin, donde de manera manifiesta Wotan interpreta la parte principal, pueden, no obstante, otros personajes parecer a primera vista tan importantes como él; por ejemplo: Alberico, las Hijas del Rhin, los Gigantes, Loge, etc. Solo lentamente va destacándose la figura de Wotan como el centro adonde van a converger todos los rayos.

Así vemos que el conflicto entre el oro y el amor no se manifiesta hasta el momento en que Wotan se coloca el anillo en su dedo, pues este conflicto no podía existir para Alberico, por haber este renunciado voluntariamente al amor. Asimismo, la maldición que Albarico lanzó sobre el anillo sólo es conocida de Wotan, pues Loge, que la conocía también, desaparece de la acción. Por último, la queja de las Hijas del Rhin va dirigida a Wotan, así como la profecía de Erda, etc.

Pero si El Oro del Rhin podía dejarnos alguna duda, esta desaparece en La Welkiria. En ella comprendemos con plena evidencia que el destino de todos los personajes depende de Wotan, no porque Wotan sea omnipotente y el mundo esté sometido a su capricho; sino en el sentido de que las luchas que presenciamos entre los hombres y la intervención que en ellas tienen las potencias sobrehumanas (Fricka, Brunhilda), no son más que el reflejo de las luchas que se desarrollan en el alma del Dios. Y los hechos que ye realizan fuera de su presencia han de considerarse también como actos de Wotan, puesto que fueron originados por el.

El amor de Sigmundo y Siglinda no tiene significación en el drama sino por su relación con Wotan; y lo propio ocurre como, el combate entre Sigmundo y Hunding, le defensa de la moralidad por Fricka, le protección de Brunhilda a Sigmundo, etc. Nada sucede en el drama que no provenga de Wotan y no vuelva a el. Y la verdadera acción no es otra cosa que el conflicto trágico que lacera su alma y que lo conduce ya a su primer renunciamiento cuando bendice al hijo da Nibelungo:

> Te lego en herencia.
> lo que más desprecio:
> el inútil esplendor de la divinidad.

Pero Brunhilda entra en la acción siendo la encarnación, llena de vida y juventud, de la voluntad de su padre. Esta aspiración de Wotan de dominar si mundo y vencer a las potencias tenebrosas por la fuerza de las armas, encuentra su expresión viviente en las Walkirias, y de entre ellas Brunhilda es, por excelencia su confidente la amada de su corazón. Ella es el mismo Wotan en forma femenina, obra como éste quisiera obrar, pero con toda la espontaneidad déla mujer que se deja llevar por el sentimiento y no por la reflexión. Dice Brunhilda:

> Al decirme lo que quieres
> hablas a la propia voluntad de Wotan.

y Wotan contesta:

> Conmigo mismo hablo
> al hablar contigo.

Mas, por justificadas que sean, no es necesario detenerse en estas observaciones, tal vez un poco sutiles: basta hacer constar que en la escena a que hacemos referencia, Brunhilda se convierte en la única confidente del pensamiento de Wotan, (En el Anillo del Nibelungo se ha de entender, por esta expresión tan frecuentemente usada, el grandioso plan que el Dios se forjó de crear un nuevo orden de cosas en que el poder (el oro) no excluirá al amor y ambos podrán ser poseídos a la vez) y al mismo tiempo en su continuadora. Ningún personaje del drama conoce ni siquiera sospecha lo que pasa en al alma de Wotan, quien permanece tan solitario como Hans Sachs en Los Maestros Cantores. Ninguno de ellos, por otra parte, es capaz de comprenderle, pues de otro modo Wotan habría podido realizar su sueño de transformar el mundo.

> Lo que a nadie comunico con palabras, permanezca
> callado eternamente.

Pero de la misma manera que en Los Maestros Catores la virginal Eva era la única que podía comprender el alma de Hans Sachs, ahora la virginal Brunhilda es el único ser en quien Wotan puede expansionarse, y además ella es su propia sangre, su propia naturaleza reencarnada bajo la forma de una mujer.

Tal vez ha llegado el momento de hablar del uso de los parlamentos o largos relatos en los dramas de Wagner. Han sido muy censurados, pero todas las críticas que de ellos se han hecho son equivocadas por inspirarse en principios que no pueden aplicarse al drama wagneriano. Para señalar lo que distingue los parlamentos de Wagner de los de la tragedia antigua, hay que llamar la atención sobre el hecho de que en el drama Wagneriano no están encomendados a mensajeros, sino por el contrario, a personajes importantes, como el Rey Marke, Gurnemanz, Kundri, o a los mismos protagonistas, como Isolda, Wotan.

En este último personaje es donde alcanzan el desarrollo más importante. Sólo una vez hallamos un mensajero: Waltrauta, en El Ocaso de los Dioses, pero Waltrauta es también hija de Wotan. Jamás Wagner encomienda un relato a un personaje secundario, lo que demuestra que tienen en el drama wagneriano otro significado que en la tragedia. En ésta eran la descripción de hechos que era necesario conocer para comprender la continuidad de la acción; en el drama wagneriano los hechos que nos relatan son muchas veces ya conocidos, y hasta cuando no lo son, no nos los cuentan por sí mismos sino por la impresión que producen en el alma del personaje.

Esto se hace patente, de un modo singular, en Wotan; en La Walkiria tiene la gran narración del segundo acto; en el Sigfrido declama una en cada acto (en forma de diálogos); en El Ocaso de los Dioses hay la escena de las Nornas y el gran relato de Waltrauta. Pues bien, cada vez nos son narrados los mismos hechos, de los que ya conocemos los más importantes por El Oro del Rhin; pero ello es lo que constituye el ardiente interés, pues de este modo vemos cómo se modifica, cómo se transforma, en la mente del personaje principal, la imagen que se ha formado de sus acciones anteriores y de sus consecuencias. Siendo la acción dramática del todo interna, no solo tiene importancia el hecho material acontecido anteriormente sino que tiene más todavía la impresión que produce actualmente en el personaje que se halla en escena, así como la naturaleza de la influencia que esta impresión ejerce en su espíritu.

En ningún lugar se revela de un modo tan prodigioso como en esos parlamentos el poder mágico de la música puesta al servicio de la acción dramática, pues en ellos se indica con precisión casi matemática la influencia del pasado en el presente y en ellos podemos contemplar todas las transformaciones y fases que experimenta ese elemento tan inevitable y tan flexible al mismo tiempo el pasado, para terminar la fin en una mera sombra casi imperceptible o extinguirse en un recuerdo transfigurado y radiante.

En una carta a Liszt, dice Wagner que la escena en que Wotan revela su suerte y descubre toda su alma a Branhilda, es la "escena más importante para la marcha de toda al Tetralogía". Porque, en efecto, nos conduce al primer punto culminante de la tragedia existente en el alma de Wotan, y constituye al mismo tiempo la peripecia que transmite el pensamiento de Wotan a Brunhilda, que se convierte así en su continuadora. Y si hay que admitir lógicamente que la Walkiria, encarnación de aquel pensamiento, representa desde este momento el principal personaje, no puede desconocerese que Wotan sigue siendo, como antes, el centro del drama.

En la escena de la despedida de Wotan, al final de la Walkiria, se reproduce el cambio de situación del drama que encontramos en Tristán e Isolda, en virtud del cual la verdadera acción se halla transportada a las profundidades del alma. El eterno infortunado se separa de su propia Voluntad" y la abandona; él mismo cierra los ojos de Brunhilda, donde veía reflejado su propio "deseo insaciable de esperanzas", su "sueño de las delicias del mundo", y se despide para siempre del único ser que conocía su pensamiento y que podía realizarlo.

Nadie menos inclinado que nosotros a buscar sistemas filosóficos en las obras de arte; y hemos de advertir, además, que cuando Wagner compuso el poema de El Anillo del Nibelungo no conocía aún la filosofía de Schopanhauer; pero creemos, no obstante, que sería difícil caracterizar más exactamente el estado de alma de Wotan en esta escena final de La Walkiria sino diciendo que es "la negación da la voluntad de vivir". Esta anulación de la voluntad no es en manera alguna el resultado de una teoría filosófica; es una acción moral que pertenece al dominio del hombre interno y que, por consiguiente, ninguna relación tiene con la razón.

La negación de la voluntad puede ser resultado de las reflexiones filosóficas, coció sucede cuando se trata del pensador, pero también puede tener un origen muy distinto, como podemos comprobarlo en loa santos, y asimismo en este caso en Wotan. Schopenhauer dice, además, que "la mayor parte de los hombres que llegan a la negación de la voluntad, consiguen este fin no por la vía de la reflexión filosófica sobre la universalidad del dolor experimentado de un modo directo, que los conduce a la completa resignación". Hay que declarar que, en el caso especial de Wotan la resignación es tan instintiva y deriva tan poco de convicciones filosóficas, que el Dios, lejos de persistir con rigurosa lógica en la línea de conducta que debería seguir después de haber renunciado a su voluntad, llega incluso a obrar más tarde y a ejercer una influencia decisiva sobre al curso de los acontecimientos.

En el tercer drama, Sigfrido, dice Wotan:

He venido para contemplar,
no para obrar.

Y en efecto, los espectadores nos sentimos en cierto modo transportados adentro del alma de Wotan, y contemplamos con sus propios ojos el curso de una acción de la cual al es el punto de partida, pero que sigue desarrollándose desconociendo ese origen y sin que el Dios tenga ya parta directa en ella. Wotan se regocija al ver a Sigfrido, al héroe ingenuo y alegre. Y en la escena con Erda llegamos al segundo punto culminante de la verdadera acción es decir, del drama que vive en el alma da Wotan cuando éste renueva su acto de renunciamiento, no ya con amargura sino, por el contrario, con serena satisfacción. Esta es la auténtica negación da la voluntad:

> Lo que en el cruel dolor de la incertidumbre
> anteriormente resolví con desesperación, gozoso
> y feliz lo cumplo ahora libremente.

Esta dos negaciones de Wotan en La Walkiria y Sigfrido podrían ser comparadas, la primera a la da Tristán y la segunda a la de Hans Sachs. Pero tanto aquí como en el segundo acto de La Walkiria, la peripecia se produce al mismo tiempo que la acción llega al punto culminante, y es la causa da toda una nueva serie de acontecimientos trágicos. Y es que, como ya hemos indicado, la negación da la voluntad no reconoce en Wotan una causa filosófica. En su misma negación es aun la voluntad la que predomina; y para el Dios la negación no es la resignación, como en los pensadores o en los santos, sino que es más bien un positivo no querer. Wotan quiere no querer (Nollo: non volo.) Por esto semejante voluntad negativa encuentra obstáculos por todas partas, como los encontraba cuando pretendía gobernar al mundo.

La primera vez que Wotan renunció a su voluntad, Brunhilda la recogió en su corazón noble y apasionado, pero el Dios, en vez de dejar que las cosas siguiesen su curso como hace toda voluntad que se anula reconoció de inmediato, en La protección cíe Brunhilda a Sigmundo, su propia inteligencia renaciendo en otro corazón su propia voluntad irguiéndose de nuevo después que había creído aniquilarla; y entonces, sin piedad, el Dios se subleva contra su segundo yo. Destierra sobre una roca desierta al ser más querido lo duerme -o cree dormirlo- en sueño eterno, y se separa de el para siempre. Pero ahora, en Sigfrido, cuando "ante la eterna juventud,

El Dios abdica de buen grado", le asalta de repente el temor de lo que realizará su propia voluntad -o sea Brunhilda- cuando Sigfrido la despierte de su largo sueño. A toda costa hay que impedir que el héroe llegue hasta ella. "¡Por este camino no has da pasar¡",le grita el Dios, serrándole el paso con su lanza. Pero la "la espada de la victoria" rompen pedazos "la lanza eterna, prenda-da la soberanía". Y Wotan no puede tener a Sigfrido en su marcha triunfal, porque el muchacho no es más que la propia juventud de aquel, reencarnada en toda la plenitud de su fuerza y porque esta juventud se halla todavía "virgen de toda ambición", y no ha conocido el deseo del oro y ni el del amor. Más si en esto se engaña Wotan, también se engañaba cuando decía a Erda:

> Un héroe
> despertará a Brunhilda:
> entonces cumplirá
> tu hija sapiente
> la acción redentora del mundo.

Y en verdad, al salir Brunhilda da su largo sueño, quiere reanudar inmediatamente el pensamiento de Wotan como objeto de su actividad:

> ¿Oh Sigfrido, Sigfrido!
> ¡Luz Victoriosa!
> Eternamente te amé;
> porque a mi sola
> fue revelado el pensamiento de Wotan.

Pero antes de que pueda consumar la acción redentora del mundo, el amor de Sigfrido ha inundado su corazón con un ímpetu que no es posible detener. Por última vez le suplica:

> Ámate a ti
> y déjame a mi.

Mas el héroe vence su resistencia con la misma facilidad que había vencido la de Wotan; y su primer beso desvanece en el alma de Brunhilda el recuerdo del pensamiento de Wotan. Este hecho es también la consecuencia de un acto del Dios. En su cólera había castigado a su hija, la encarnación de su propia inteligencia, despojándola de la divinidad:

> Así al Dios
> se separa da ti:
> con un beso te quita la divinidad.

Y si un día algún mortal la despertaba, debía amarle con amor humano. Pero al perder su virginidad, Brunhilda pierde su ciencia divina y su fuerza:

> Pobre en sabiduría, mas rica en deseo llena de
> amor más vacía de fuerza.

Ya no es más "la voluntad de Wotan" sino tan sólo la mujer de Sigfrido; los deseos del héroe son ahora su ley, y en el delirio de la pasión amorosa, exclama:

> ¡Lejos de mi, mundo
> resplandeciente del Walhala!
> ¡Crepúsculo de los Dioses
> cúbrelo todo de tinieblas!

El cuarto drama de la Tetralogía se titula Gotterdamerung, que puede traducirse por El Ocaso de los Dioses. Este título encierra valiosa enseñanza, pues aunque Wotan no aparece en escena, el titulo nos advierte que también aquí la acción principal es la que se desenvuelve en al alma -para siempre jamás silenciosa- del Dios. En la escena de las Nornas y en el relato de Waltrauta, la imagen del Dios es evocada a nuestra imaginación:

> Así está sentado
> en su elevado sitial,
> sin decir una palabra.

Pero el Dios no ha olvidado a Brunhilda:

> Entonces se apagó su ¡airada; Brunhilda,
> pensaba en ti.

y hasta oímos con qué impaciencia aguarda el regreso de sus cuervos:

> Si un día regresaran
> con buenas noticias,
> entonces, una vez más
> -por última vez-
> sonreiría eternamente el Dios.

Es inútil que el protagonista del drama permanezca siempre invisible la música nos revela su alma con una intensidad y potencia persuasiva que superan a toda descripción. En cuanto a los episodios que se suceden en la escena, todos hacen referencia a la hija de Wotan, a su otro yo, a Brunhilda, que despojada de su divinidad y de su ciencia sobrehumana, se encuentra desde entonces entregada a la suerte más lamentable.

Pero cuanto ocuerre es la fatal consecuencia de los actos de Wotan, pues Hagen, el enemigo de Sigfrido, a quien mata después de haberlo hecho infiel a Brunhilda, es el hijo de Alberico, a quien Wotan arrebató el anillo, y obra por instigación de su padre. Para que resalte claramente en la acción la continuidad del drama con respecto a Wotan, Alberico se aparece a Hagen en el sueño que éste tiene en el segundo acto; así como en el tercero las Hijas del Rhin se lamentan por la perdida del oro. La muerte de Sigfrido devuelve a Brunhilda la ciencia divina, y entonces puede consumar la acción redentora, devolver el oro a las Hijas del Rhin y lanza sobre el Walhala la tea que produce el incendio que abrasa a los Dioses.

> ¡Fue preciso
> que el más puro traicionara a una mujer,
> para que ella fuese sapiente¡

En estas palabras se halla el sentido de toda la acción del último drama de la Tetralogía. Brunhilda cumple la voluntad de Wotan, no aquella voluntad primera de la conquista heroica del universo, sino su voluntad de aniquilar toda voluntad.
Solo una cosa quiero ahora:

> ¡Al fin¡
> ¡Al fin¡

Corazón y entendimiento no son ahora más que una sola cosa; ya no existe lucha interna; el último héroe ha sucumbido, y la misma Brunhilda no puede sino desear la muerte.
¿Se ahora lo que te conviene?

> Todo, todo
> todo lo sé;

Torre Eiffel
Paris, Francia

¡todo me ha sido revelado¡
¡Descansa¡ ¡Descansa, oh Dios¡

Y cuando Sigfrido, Brunhilda. Hagen y todos los demás han desaparecido, he aquí que el héroe supremo de la tragedia, Wotan, se nos aparece de nuevo, "inmóvil, sentado en el elevado sitial, y sonriendo eternamente, una vez más, por última vez" mientras el incendio se extiende y los dioses, el Walhala y el mismo Wotan, con todos sus sueños y sus pensamientos, son consumidos por las llamas del fresno del mundo. . . y otra vez es aquí la música la que nos revela el alma sublime del Dios y lo que ella nos dice no podría ser traducido en palabras.

No obstante, el propio maestro intentó una vez expresarlo:

El fin bienaventurado
de todo lo eterno,
¿sabéis cómo lo alcanzare?
El duelo del amor,
las penas más hondas,
me abrieron los ojos:
he visto finar el mundo. (Estas palabras existían
en el primitivo poema y luego fueron suprimidas
al componer la música.)

Los Teatros Y La Crítica

El análisis que acabamos de hacer, es evidentemente fragmentario, pero al emprenderlo sólo perseguíamos un fin: demostrar que El Anillo del Nibelungo es la tragedia de Wotan, pues la comprensión del drama en este sentido es la base indispensable para todo juicio exacto sobre el mismo y para la iniciación en el conocimiento verdadero de esta obra colosal.

Por otra parte -el hecho es poco conocido pero garantizamos su autenticidad- Wagner, en cierta ocasión, pensó seriamente en cambiar el título de su Tetratogía para darle el nombre de Wotan.

Si después de haber comprendido bien el sentido y alcance de este drama, nos retrotraemos al primer proyecto do Wagner, consistente en un drama que tenía por origen las mismas leyendas, podremos darnos cuenta del inmenso avance realizado por el maestro en el breve espacio as cuatro años aproximadamente, que separa la concepción de los dos poemas. Más de otro lado, si examinamos lo que ocurre en los teatros del día y la manera como representan

El Anillo del Nibelungo, tendremos que reconocer que aún no se ha dado el primer paso en el camino seguido por Wagner, y que tampoco el público que admira esas representaciones tiene ni el presentimiento tan sólo de lo que puede ser el drama wagneriano. En ningún caso podemos observarlo mejor que en El Anillo del Nibelungo, aunque bien mirado el desconocimiento que respecto a dicha obra se revela puede ser altamente instructiva para el observador. Por ejemplo, es costumbre generalizada, representar por separado una parte cualquiera de la Tetralogía, ello equivale a resignarse a conocer únicamente fragmentos de una acción que no puede tener así ningún significado y que carece de principio o de fin. Mas, ¿por que han da hacerlo de otra suerte, si no consideran El Anillo del Nibelungo como la tragedia de Wotan? Siguiendo este procedimiento se llega a considerar las cuatro partes de la Tetralogía, simplemente cono una serie de episodios extraídos de los Eddas y reunidos -sin necesidad alguna- bajo un título general. En efecto: ¿que relación hay entre la historia de Sigmundo y Siglinda y la de Alberico y las Hijas del Rhin, o entre los Gibijungos y los Welsas? pero admitiendo las cosas de este modo es curioso destacar que no puede llegarse a comprender el personaje de Wotan.

Imposible es entender lo que quiere, ni por que interviene en la acción a cada momento: parece un personaje superfluo, episódico y que sólo sirve de estorbo; y sobre todo, se dirá "que está falto en absoluto de carácter dramático". Entonces resulta lógico que se procure eliminarlo todo lo posible a fuerza de cortes en la acción, hasta llegar, a menudo, a prescindir por completo de la representación de El Oro del Rhin. En la Walkiria se abrevia de tal manera la escena entre Wotan y Fricka que lo que dicen ambos no tiene ningún sentido.

En cuanto a la escena siguiente, el gran diálogo entre Wotan y Brunhilda que era, en concepto de Wagner, el punto culminante de toda la Tetralogía, sólo se conserva la mitad del mismo. (Es sabido que en la Opera de París no se respeta mejor el pensamiento de Wagner de lo que lo ha sido, desde otro punto de vista, en las traducciones francesas de sus poemas debidas a Victor Wilder, que son lo mejor que se haya hecho para dar de Wagner la idea más falsa posible). Lo propio sucede con la escena entre Wotan y Mine en el primer acto de Sigfrido; y con frecuencia se mutilan también más o menos las escenas del segundo y tercer acto en que aparece Wotan. Finalmente, en El Ocaso de los Dioses se suprime muchas veces la escena de las Normas y casi siempre la de Waltrauta.

El caso que se cuenta de aquella compañía que representó el Hamlet, suprimiendo el papel de Hamlet, ha cejado, pues de ser un chiste para convertirse en un hecho real que se reproduce todos los días para la tragedia de Wotan. Y si ello sucede en la propia patria del poeta, ¿qué tiene de extraño que en el extranjero se siga el mal ejemplo? pero hemos de confesar que este hecho, a causa de su misma enormidad, hasta nos llega a ser grato, pues pensamos que terminará por llamar la atención sobre el significado de Wagner como autor dramático. En efecto, si las obras de Wagner son ópera, hay que convenir en que son óperas muy malas; y El Anillo del Nibelungo en particular, es sencillamente una monstruosidad.

En 1876 un crítico de los más conocidos en Alemania, propuso que se practicasen inmensos cortes en aquella obra, modificándola de tal modo que pudiese ser representado todo El Anillo del Nibelungo en una velada, dándole la duración habitual de una ópera. Con los pesajes que encontraba de real belleza lírica, podría formarse -decía- una hermosa ópera, ejecutándolos uno detrás del otro. De lo que dudamos nosotros es de que la ópera así elaborada resultase hermosa... pero debemos convenir que la idea de aquel crítico, desde el momento que él no sospechaba la existencia de la tragedia de Wotan, era perfectamente lógica.

Añadamos aun una segunda opinión -ya aducida a propósito de Tristán e Isolda y que se repite para el Farsifal-, y es que lo que para nosotros constituye la acción propiamente emocional, lo que sucede en las profundidades del alma, no parece en ningún modo dramático al crítico aludido ni tampoco a sus similares; y así habremos precisado mejor el objeto de la controversia que no discutiendo inútilmente a base de entusiasmos y antipatías. En este caso los caracteres de músico y de crítico se encuentran en absoluta oposición y es provechoso hacerlo constar.

El crítico no se ocupa de la vida de Wagner ni de su evolución artística; no se cuida de estudiar las ideas formuladas por el maestro sobre la naturaleza de la música y la nueva forma de drama por el buscaba; considera, por el contrario, todas las manifestaciones del arte desde un punto de vista previamente establecido y puramente teórico; y pone toda su inteligencia en no separarse jamás de la regla que se ha trazado, en no entregarse jamás a la emoción que pudiera causarle una obra escuchada ingenuamente

Pero ¿cuál es este punto de vista desde donde el crítico lo examina todo? El sostiene en realidad los extremos siguientes: primero, cuando en un escenario de teatro se hace música, la obra es una ópera; segundo en una ópera de música es el fin: todo lo demás no tiene razón de ser sino en cuanto sirve de pretexto para hacer música; tercero, la música en sí misma es exclusivamente un goce de los sentidos, un halago del oído, o como dijo el celebre crítico musical Hanslick, un arabesco de sonidos y nada mas.

Wagner opuso a esas tres afirmaciones las tres tesis siguientes:

I.- "Yo no escribo óperas; y como no quiero inventar un vocablo arbitrario para designar mis obras, las denomino dramas, porque cuando menos esta palabra indica claramente el punto de vista en que hay que situarse para comprender el fin a que me dirijo" (Escritos y poemas de R. Wagner, vol. IV, pág. 417.).

II.- "El error principal del genero opera consiste en haber hecho de la música el fin de la obra, cuando no debe ser mas que uno de los medios de expresión; y por el contrario, el fin mismo de lo que se trata de expresar, es decir, el drama, no ha sido considerado sino como un medio de expresión." (Escritos y poemas de R. Wagner, vol. II. pág. 282.)

III.- "De la obra del gran Beethoven se deduce una nueva revelación sobre la esencia misma de la música... "(Escritos y poemas de R. Wagner vol. VII pag. 317.)

Esta música sinfónica no puede aparecer sino como una revelación que viene de otro mundo; y realmente, ella nos revela, en medio de fenómenos de toda índole, conexiones que no tienen nada de común con las que percibe el entendimiento; y dispone de tal poder de persuasión, imponiéndose a nuestro sentimiento con precisión tan infalible, que la razón lógica queda vencida y desarmada . . . Este desarrollo moderno de la música responde a una profunda necesidad interna de la humanidad " (Escritos y poemas de R. Wagner Vol. VII, Págs. 149 y 150.)

Hallamos contestada, pues, afirmación por afirmación; cada una es la replica de la otra. Pero en el fondo no son tres cuestiones las que se debaten: solamente hay una, y es La que se refiere a la propia esencia de la música. ¿La música es un mero juego de arabescos sonoros, o bien es la revelación de otro mundo? Porque dado que la música no pudiese ser jamás otra cosa que un arabesco de sonidos, claro esta que el drama wagneriano se hundiría al punto, ya que se funda en la convicción de que la música es la revelación directa de otro mundo y que por medio de ella podemos alcanzar en lía naturaleza humana regiones adonde no penetraríamos jamás con el lenguaje de la razón ni con la visión exterior de los seres y las cosas.

La música es, pues para Wagner, uno de los medios de expresión del drama, con la finalidad de servir a esté y constituyendo, ¿por otra parte, en el, el factor mas importante. Es evidente que la dialéctica mas rigurosa no sabría terminar la cuestión porque si en lo mas profundo del corazón tenemos la impresión de que cierta música nos revéis otro mundo, si sentimos que por ella nuestro yo invisible -esta, parte de nuestra sensibilidad que escapa a toda razón lógica- se pone en comunicación directa con todo lo invisible e indefinible que nos rodea, ¿como se nos podrá demostrar lógicamente que no guardamos tal impresión ni experimentamos tai sentimiento?

Por otra parte, también nos es imposible probar que la música nos revela lago. Los individuos a quienes, efectivamente, la música no revela nada, es natural qué no sabrían disfrutar, en una obra de Wagner sino de aquellos fragmentos en que la música -por así decirlo- es mas bien superficial en que no acusa más que un vago sentimiento lírico, o bien no hace más que servir a la danza y a la canción; pero cuanto mas la música se convierte en la revelación de un nuncio invisible, y mas se expresa en el determinado sentido de su naturaleza íntima, con la fuerza de persuasión que le es propia, menos podrán entonces comprenderla; y esto es de tal evidencia que consideramos ocioso insistir mas.

Radica aquí la explicación de esas eternas recriminaciones contra las obras de Wagner, sosteniendo que contienen gran cantidad de elementos no dramáticos. No se atreven a negar que la acción más intensa y conmovedora es la que se desenvuelve en las profundidades del alma, ni pretenden poner en duda que lo que ocurre sobre la escena es tan sólo el síntoma visible de aquella acción interna; lo que niegan es que esta acción interna pueda ser exteriorizada por otro medio que no sean las palabras y el movimiento escénico da los personajes.

Cada vez, pues que Wagner, después de atraer al hombre lógico por medie del entendimiento y de la vista -para indicarle de este modo el camino que debe seguir- nos introduce de inmediato en las profundidades del alma invisible y nos revela mediante la música la verdadera acción que allí se realiza, ¡surge al momento el criterio de que esto no es dramático; Y, realmente, para aquellos a quienes la música nada revela, esto no es dramático ni puede parecerlo porque allí no perciben ellos ninguna acción. Mas por el contrario: pode afirmar con precisión casi matemática que, en El Anillo del Nibelungo, cuanto mas un pasaje es considerado no dramático y se le suprime en las representaciones, más importante es para el drama en la concepción del poeta.

Sucede con esa obra lo mismo exactamente que ya Wagner había comprobado por sí mismo en Tannbauser: "se elimina todo lo posible el drama como cosa superflua... y el éxito de la obra estriba únicamente en el goce que sien-te el público ante ciertos pasajes líricos". La consecuencia de todo ello es que hoy, bajo el nombre de Wagner, se representan verdaderas monstruosidades en los primeros escenarios de Europa.

Hemos desarrollado aquí tales consideraciones porque creemos que un ejemplo práctico, como el experimentado por lo que es El Anillo del Nibelungo en nuestros teatros, puede ayudar tanto a los adversarios como e los entusiastas del drama wagneriano a precisar la cuestión de principio, base de la concepción de la nueva forma de drama.

Relaciones Entre La Palabra Y La Musica

Pasemos ahora a la cuestión de la ejecución, tanto en lo referente al poema como a la música. La nota característica del poema es la aliteración, que consiste en la rima de las consonantes radicales, y respecto a ella remitimos al lector a la gran obra teórica de Wagner Opera y Drama, donde el maestre trató esta materia bajo todos sus aspectos. No podríamos hacer aquí otra cosa que reproducir lo escrito por Wagner. Nos limitaremos a transcribir lo que dice de aquella rima que constituye " un maravilloso instrumento poético para unir y ligar unas ideas con las otras", (Escritos y poemas de R, Wagner, Vol. IV, Pág. 166.) y que "juntando así las emociones más diversas, nos ayuda a ampliar nuestra manera de concebirlas y a contemplar las como unidas por lazos de afinidad, de orden puramente humano."(Escritos y poemas de R. Wagner, vol. IV, pág. 166.)

Por lo que se refiere en términos, generales a las relaciones entre la palabra y la música, no hay más que recordar lo que dijimos a propósito de Tristán e Isolda. Ahora solamente examinaremos de más cerca cierto aspecto especial de estas relaciones que puedo estudiarse en El Anillo del Nibelungo mejor que en los otros dramas wagnerianos. Pero debemos advertir de antemano que no hay que interpretar de una manera demasiado formularia lo que vamos a exponer.

Si examinamos El Anillo del Nibelungo en conjunto, llamara nuestra atención el hecho de que la relación existente entre el lenguaje lógico de la palabra y al de la música reveladora, sea muy diferente según se trate de una de las cuatro partes de la Tetralogía. Ya sabemos que, en este punto, no hay que preocuparse de la mayor o menos cantidad de frases y palabras, sino del mayor o menor valor que tenga lo que ellas expresan, y de la importancia concedida a la palabra en la representación escénica de la obra. Por lo que se refiere a la música, es en su intensidad de expresión en lo que hay que fijarse.

Para exponer con toda claridad nuestro pensamiento reproduciremos aquí las palabras de Isolda, anteriormente mencionadas. Cuando en el primer acto exclama: "Por mí elegido, por mi perdido", la música no hace mas que seguir discretamente la declamación, por el motivo que ya hemos expuesto; mientras qué, por el contrario, en la muerte de Isolda, las palabras no son sino exclamaciones sin continuidad lógica, y, en cambio, la música expresa con precisión y potencia incomparables todo lo que es inaccesible al lenguaje hablado. Pues bien, si se examina El Anillo del Nibelungo en su conjunto, no dejaran de notarse diferencias profundas entre cada una de las cuatro partes, respecta a la relación entre la palabra y la música. En El Oro del Rhin la palabra ocupa un lugar preponderante. En La Walkiria la música se afirma con mucha mayor independencia, no sólo en las escenas líricas- donde ello resulta perfectamente natural-, sino también en las escenas dramáticas; paro, no obstante, aun hallamos pasajes en que predomina la palabra, y otros, en cambio, en que existe una lucha, por así de cirio, entre la música y la palabra.

En los dos primeros actos de Sigfrido reina un equilibrio perfecto entre una y otra; por eso se ha podido decir, en cierto sentido, que Sigfrido era la obra clásica por excelencia de Wagner. En cuanto a El Ocaso de Los Dioses, podemos decir que es una inmensa sinfonía, casi de uno a otro extremo: es música absoluta, pero, entiéndase bien, en el sentido dramático que puede darse a esta palabra cuando se consideran las cosas desde el punto de vista wagneriano.

Para reconocer la verdad de lo que acabamos de decir, no hay que detener se en ciertos pasajes que, considerados aisladamente, parecería que nos contradicen, ya que un organismo tan viviente como el drama hay me admitir que los diversos elementos que contribuyen a la expresión total lo hacen en una proporción que puede y debe variar a cada instante. Lo que hemos dicho, no se refiere, en consecuencia, sino a la impresión general de cada una de las cuatro partes de la Tetralogía.

Es de gran interés precisar esta impresión, pues en las obras de Wagner las modificaciones en los medios de expresión siempre van ligadas íntimamente a marcha de la acción dramática, de tal manera que el estudio de uno de estos dos puntos ayuda a esclarecer el otro. Por esta razón, en el examen que vamos a emprender, nos veremos forzados a cada momento a trasladarnos al propio drama, y así el estudio de la relación entre la palabra y la música nos ayudará a penetrar más profundamente en la gran tragedia de Wotan que hasta ahora no hicimos más que delinear.

En El Oro del Rhin es donde aparece con mayor claridad la exactitud de lo que acabamos de decir, pues el poco aprecio que el público demuestra hacia esa obra es ya una prueba de ello. En general son poco estimadas las bellezas de leguaje de El Oro del Rhin; mas, por otra parte, lo oímos tan mal declamado que no se pueden apreciar. La música es de una belleza extra ordinaria, pero está ligada tan íntimamente a la palabra y forma parte de ella en tal grado, que si las separamos nos resulta tan incomprendida como un cuarteto de Beethoven.

De todas las obras de Wagner es ésa la que peor se representa porque para encontrar el estilo que requiere su música, habría que tomar por punto de partida lo que Wagner denomina: "el punto central de donde irradia la vicia de la expresión dramática: el verso declamado por el actor". Pues bien, ¿como obtener esto de un cantante de ópera? Y no obstante, conviene reflexionar en lo siguiente:

El Oro del Rhin constituye el fundamento de toda la tragedia de Wotan, puesto que todos los acontecimientos que s suceden a lo largo de la Tetralogía hasta el desenlace final son consecuencia de lo que ocurre en el prólogo; en el nace el pensamiento de Wotan y en el tienen origen todos los conflictos que despedazan su alma hasta el momento en que "ve finar el mundo"; y en esa obra es donde la música, que tienen la misión de constituir la unidad actual y viviente de todo el drama, "crea plásticamente los temas elementales que -individua-lazándose cada vez más en su desarrollo encarnan los fundamentos de las tendencias pasionales del drama en todas sus ramificaciones y de los caracteres que en él se manifiestan".(Escritos y poemas de R. Wagner, vol. VI, pág. 377.)

¿Como será posible, pues, comprender si verdadero drama en El Anillo del Nibelungo, si El Oro del Rhin no se representa o se representa mal? La razón de que suceda una u otra de ambas cosas se halla en lo que acabamos de exponer.

Es muy característica en La Walkiria la diferencia notable que existe entre sus escenas en lo relativo al uso de los medios de expresión. Es indispensable, antes que nada, comprender bien la significación del primer acto en sus relaciones dramáticas con el conjunto de la obra.

Podrían compararse las escenas que forman el primer acto de la Walkiria con las escenas destinadas a los relatos de les mensajeros en la tragedia griega, y asimismo en la francesa. En realidad, unas y otras son partes integrantes y necesarias del conjunto, y contienen a menudo bellezas de primer orden; pero hay que reconocer que ocupan un lugar secundario en la verdadera acción dramática, pues para Wagner -como para todo gran posta, desde que Esquilo escribió su Prometeo- la verdadera acción es la lucha interna que se realiza en el alma invisible.

Los relatos de los mensajeros no tienen importancia sino por la impresión que producen; y si Shakespeare reformó el drama llevando a la escena los mismos hechos, fue con el fin de hacernos comprender de una manera más inmediata su influencia, y de hacernos penetrar así más a fondo todavía en al alma de sus héroes.

El drama wagneriano tiene sobre el drama shakesperiano la inmensa ventaja de poder, no tan solo desarrollar los episodios capitales ante nuestros ojos, sino también en virtud de la potencia de asociación inherente a la música, poder ligarlos íntimamente con el drama entero y en particular con la acción interna que constituye el alma del mismo. Ya sabemos que este milagro apenas se puede explicar por medio de la palabra, como podemos demostrar fácilmente. Así, por ejemplo, mientras la música nos describe -como solamente ella puede hacerlo- el amor de Sigmundo y Siglinda, evoca al mismo tiempo, constantemente, a nuestra imaginación, la figura de Wotan, a pesar de que no se hable de el ni una sola vez en todo el acto y a pesar de que ninguno de los personajes que contemplamos tenga conocimiento de los lazos que lo unen al Dios. Si, libres de todo prejuicio, dejamos franco el paso a nuestra emoción, como quiere el poeta, ocurrirá que, gracias a la fuerza milagrosa de la música, tendremos siempre presente el alma del héroe, hasta cuando éste no se halla ante nuestros ojos: y a causa de esta misma emoción, sin necesidad de ningún esfuerzo de reflexión, lo que no parecía ser más que un simple episodio, se encuentra indisolublemente unido a toda la acción.

Pero eso no es todo. No sólo el episodio se encuentra ligado al drama por la atmósfera especial con que lo envuelve la música, sino que, además, gracias al mismo poder mágico de esta, sigue viviente en todo el curso de la acción. Sin necesidad de recordar de un modo preciso la influencia que un episodio determinado haya podido tener en el desarrollo de la acción interna, continúa siendo dicho episodio, no obstante, uno de los elementos constitutivos de la acción y nunca déjanos de sentir la intervención que en ella tuvo y que hace prolongar sus consecuencias, ramificándose hasta a la conclusión del drama.

En la acción hubo un momento determinado que influyó para siempre; en la música es igualmente) un tema melódico que lo recordará para siempre. "Gracias a estos temas melódicos penetramos de una manera constante en los secretos más profundos del pensamiento poético, porque este se realiza delante de nosotros", En el drama wagneriano el recuerdo de lo que precede y el presentimiento de lo que ha de venir, aparecen constantemente mientras la acción se desarrolla sobra la escena. Pero volvamos a La Walkiria.

Si sin conocer El Oro del Rhin oímos el primer acto de La Walkiria, no se podrá sospechar jamás que la sombree de Wotan se extiende en el de uno a otro extremo; se verá allí únicamente una escena de amor que muchos calificarán -con razón entonces- do ofensiva inmoralidad. Pero si se conoce aquel prologo, se tiene inmediatamente el presentimiento de que todo lo que sucede debe ser obra de Wotan, y que este trata de ahogar la voz de su conciencia y engañarse a si mismo sobre lo que hay de criminal en aquel amor entre hermanos. Y continuamente la música acentúa en nosotros este presentimiento y nos llena de angustia, hasta que llega por fin la gran escena entre Fricka y Wotan para revelárnoslo todo con gran precisión, cuando aquella la dice: "Sólo tu los incitaste", y cuando vemos a Wotan luchando consigo mismo y desanimado por no encontrar más que soluciones trágicas. Por esto debe predominar aquí la palabra, y esa súbita transición del lirismo del primer acto a la esperanza del segundo nos produce una sacudida semejante a la que experimenta Wotan.

Este quiere dominar el mundo y aspira a establecer el reino de la moralidad en el sentido más elevado de la palabra; pero toda fuerza y toda ley no pueden tener, en último término, más que un origen criminal, pues la única moral verdadera -y no se trata aquí da la -moral convencional- as el amor, (véase la Primera Epístola a los Corintios, da San Pablo, capítulo XIII.) y solo quien haya maldecido el amor puede adquirir el poder. Wotan, no obstante, trata de engañarse el mismo, pues tiene conciencia de la pureza y nobleza de sus intenciones: "Mi coraje ambiciona el poder... mas no quiero por esto renunciar al amor", pretende, además, triunfar de esta contradicción: " a lo que jamás ha sucedido, aspira mi pensamiento"; y quisiera convencerse de que Sigmundo es realmente un héroe libre, "ajeno a toda protección divina", y de que el amor entre los dos hermanos no es criminal.

¿Que mal tan grande
ha hecho la pareja.
unida en amor por la Primavera?

Pero en su diálogo con Fricka se ve obligado a rendirse a la evidencia: "La astucia solo me ha servido para engañarme a mi mismo". Hay que hacer notar que precisamente el trágico amor entre Sigmundo y Siglinda es el que nos revela hasta donde han conducido ya a Wotan los deseos contradictorios que se agitan en su alma; y esto es desde el punto de vista dramático lo que motiva los encendidos colores de la música en el primar acto,

En mis propias cadenas he quedado cautivo yo, el menos libre de todos.

Solo ahora podremos darnos cuenta de todo lo que hay de profundamente trágico en el conflicto que destroza el alma le Wotan; y después que la primera escena conmovió extraordinariamente nuestro corazón y que, por la segunda, nuestro entendimiento ha quedado plenamente convencido, alcanzamos entonces el primer punto culminante del drama en la gran escena con Brunhilda, en la que Wotan permanece al principio bajo el dominio de la razón para representarse a sí mismo su gran pensamiento, y después, poco a poco, desciende a las profundidades más ocultas de su alma, para terminar finalmente en la resolución del absoluto renunciamiento.

Es sumamente interesante aquí seguir la marcha de la música: "al comienzo se oscurece, sometiéndose a todas las exigencias del pensamiento, para que podamos entender claramente todas las palabras"; después va aumentando por momentos en fuerza expresiva, hasta terminar por afirmarse corno la revelación omnipotente de todo lo que las palabras no habrían podido decir, Los que no saben ver acción en esta maravillosa escena donde, por una lenta progresión, todas la facultades del hombre se ponen en juego para producir una impresión de conjunto que exalta y transporta el alma: los que encuentran más dramático lo que precede o lo que sigue, porque allí hay dos seres que Ge besan y aquí dos seres que se baten, pueden pensar decididamente que el drama wagneriano no se hizo para ellos,

A partir de la escena que nos ocupa, la música se sostiene al mismo nivel durante todo lo restante del segundo acto. Pues la resolución que toma Brunhilda después de anunciar a Sigmundo su muerte no es mas que el complemento de la que acababa de tomar Wotan en la escena anterior; es todavía la propia voluntad de Wotan la que obra, pero conducida por el amor y no por la reflexión: "el pensamiento que yo no había pensado, sino solamente sentido", dice Wotan: y mas tarde la misma Walkiria exclama:

Mi propia reflexión
sólo una cosa me aconsejó:
amar lo que tú amabas.

Es evidente que solo mediante la música podían expresarse estos estados del alma tan profundos. Al comienzo del tercer acto se presenta otra escena episódica que nos muestra asimismo un hecho que es tan sólo el cumplimiento da la voluntad de Wotan sus hijas, las Walkirias, conducen a los héroes al Walhala. Es verdad que antes, al pronunciar las palabras:

Para que fuertes en la lucha nos encontrase el
enemigo, os hice crear a los héroes.

Había realizado ya el acto de renunciamiento, y había exclamado:

Solo una cosa quiero ahora:

¡El fin¡
¡El fin¡

Pero aquí, sobre la roca de las Walkirias debía cumplirse el acto que su voluntad había deseado; y lo que sucede ante nuestros ojos no es otra cosa que la realización del pensamiento de Wotan. En aquel momento no hacemos sirio ver y sentir, y por esto ¡que enorme diferencia con la música del segundo acto¡ El lenguaje hablado puede decirse que ya no existe, y desde entonces la música no puede expresar sino sentimientos de orden general. La diferencia viene a ser la misma que exista entre el acto de contemplar un paisaje y el de escudriñar en lo profundo de una mirada humana.

La última escena, que nos presente a Wotan enfrente de su segundo yo, ofrece un carácter singular en cuanto a la relación entra la música y la palabra. Se experimenta la impresión embriagadora de verlas confundirse a cada momento, pues sus proporciones varían u e continuo y esto es lo que constituye precisamente la gran dificultad de esta escena, que el mismo Liszt juzgó la principio incomprensible. En cambio, reside en ello también el secreto de la extraordinaria emoción que produce cuando es bien interpretada.

En una carta dirigida a Liszt decía Wagner que "para ser perfectamente comprendida, esta escena exige la declamación más inteligente, una declamación que sea al mismo tiempo modelo de sobriedad y de intención". Porque aquí la palabra y el sonido musical forman de tal manera un solo organismo, un conjunto inseparable, que aun cuando la intensidad relativa de una -y otro varían a cada instante, no dejan por ello de continuar ligados indisolublemente.

Tan pronto como el pensamiento toma forma, ya se resuelve en emoción; y a la inversa, para los sentimientos más hondos e inefables, la inteligencia encuentra sin esfuerzo -gracias a la facultad que la permite conocer las situaciones precedentes- las palabras adecuadas para revelarlos. Es fácil comprender que una escena de esta índole no haya podido ser presentada más pronto en el drama pues para que la inteligencia y el sentimiento pudiesen fundirse en semejante unidad, era indispensable que de antemano fuesen definidos y determinados con absoluta exactitud. Puede afirmarse -con ciertas reservas- que los dos primeros actos de Sigfrido forman otro gran episodio, y tan este sentido son comparables al primer acto de La Walkiria. No obstante, presentan la singularidad de que el verdadero protagonista, Wotan, aparece en ellos como contemplador: "he venido para contemplar y no para obrar". De ahí resulta que el episodio se encuentra ligado íntimamente a la acción principal. 151 diálogo entre Wotan y Mime nos evidencia que toda la situación es obra del Dios, y lo propio se deduce de las escenas de Wotan y Alberico, produciéndose la penetrante impresión de que todos los acontecimientos que presenciamos no alcanzan significado completo sino relacionándolos con al alma de Wotan. Este episodio era al único que podía preparar el tercer acto donde el verdadero drama da la Tetralogía llega a su punto culminante, en la escena entre Wotan y Erda; y esta es la razón de ser de los dos actos anteriores.

Señalaremos de paso el perfecto paralelismo que existe entre la estructura de Sigfrido y la de La Walkiria: Ambos dramas se inician con un largo episodio que sirve para producir una crisis decisiva en el alma de Wotan. Esta serie de acontecimientos aumentada con la nueva acción de Wotan, va a parar a Brunhilda y ocasiona asimismo en al alma de La Walkiria una crisis decisiva. La contradicción entre estas dos acciones de Wotan y de Brunhilda, constituye lo peripecia da la cual deriva toda una nueva serie de acontecimientos.

De ese paralelismo en la concepción poética, surge necesariamente otro en el uso de los diversos medios de expresión. Hay que hacer notar, no obstante, que el episodio, en Sigfrido, es tan diferente por su naturaleza que el de la Walkiria, y sobre todo guarda tan íntima y capital relación con el drama de Wotan, que ha de modificarse allí forzosamente la combinación de los tres grandes medios de expresión que utiliza el autor. Y hay que destacar también que no perteneciendo el episodio al orden lírico - como el de La Walkiria - sino al orden épico, el elemento de la vista tiene que representan en el, lógicamente, un papel considerable. Finalmente, como al drama se encuentra mas avanzado y el tesoro de expresión musical se ha enriquecido con toda La Walkiria, la música dispone da recursos mucho mayores, que le permiten - por paradójico que ello pueda parecer de momento expresarse con mayor sobriedad: habiendo sido determinado claramente el sentido de cada frase, puede relevar del modo más conciso los sentimientos más complicados e indefinibles, cuyo significado, en este drama, es también de rigurosa precisión.

Consecuencia directa de tal posibilidad es la dulzura infinita y la exquisita frescura de toda la música que se refiere al joven Sigfrido, la que se une a las palabras del poema con uan agilidad tal que parece juguetear alrededor de ellas. El alma de Wotan se encuentra en perfecta armonía con todo lo que ocurre en la escena el Dios, lleno de calma y de augusto gozo contempla al muchacho alegre y a los enanos envidiosos. Lo que contempla y lo que es, resultan en el fondo una misma cosa.-

Es muy natural, pues, que hallemos en esos dos primeros; actos un perfecto equilibrio entra los diferentes medios de expresión visión palabra y música. Cada uno de ellos conserva su carácter distintivo sin predominar ninguno en particular. Su conjunta adquiere una armonía pura, tranquila, clara y perfecta, que imprime a esos dos primeros actos un sello particular dentro de la obra de Wagner, el que quizás no podría calificarse mejor que con el nombre de clásico.

Pero desde los primeros compases del preludio del tercer acto, nos sentimos transportados a otro mundo. Siendo la verdadera acción la acción interna, siempre será la música su medio propio revelador, -y por esto aquí es - sin restricciones - el mas potente medio de expresión. He aquí porque ella estalla triunfalmente desde el momento en que Wotan, en vez de seguir contemplando, se resuelve a obrar y renuncia solemnemente a su sueño, a su pensamiento, y "cede con alegría el mundo a la eterna Juventud"; he aquí porque ella continúa siendo el elemento preponderante cuando Wotan de repente, temiendo los impulsos ce su propio corazón- simbolizado por Brunhilda intenta cerrar al eterno adolescente el camino que lleva a la Walkiría: y he aquí, por fin, porque adquiere aun la música el papel mas importante cuando Brunhilda, dominada por el loco y ardiente coraje de Sigfrido, arroja lejos de sí su divina sapiencia:

¡Crepúsculo de los Dioses, cúbrelo todo con tus tinieblas¡ ¡Noche de la aniquilación, extiende tus nubes!

Estas palabras finales del Sigfrido indican con precisión el sentido da lo que resta todavía. El Ocaso de los Dioses, todo el, no es más que una inmensa ruina. Aunque Wotan no aparezca en escena sería gran error sostener que esta obra sea sólo un episodio del drama total, en la acepción que hemos dado al primer acto de La Walkiria y a los dos primeros de Sigfrido. Por otra parte, aquí el personaje principal es el segundo yo de Wotan, o sea Grunhilda. Pero la desaparición de Wotan de la escena incluye la desaparición de su propio pensamiento.

Restan las solas pasiones -amor, odio, envidia, deseo de venganza- y he aquí porque subsiste la música sola. Con excepción de las cuatro escenas de la obra que describen a Wotan "esperando el fin, silencioso y solemne", y en que la palabra sirve para precisar la imagen evocada ante nuestros ojos, puede decirse que todo El Ocaso de los Dioses es una sinfonía que nos describe la noche de la destrucción envolviendo con sus nubes, caca vez mas sombrías, al alma de Wotan.

Al principio de este estudio sobra El Anillo del Nibelungo nos referimos a los dos poemas que escribió sucesivamente Wagner sobre, las leyendas de los Eddas. Conviene hacer una observación sobre este punto en El Ocaso de los Dioses con excepción de las cuatro escenas mencionadas -las de las Normas, da Waltrauta, de Alberico y la final todo el poema esta reproducido textualmente del primer proyecto, fechado en el año 1848. Por lo tanto, el drama final de El Anillo del Nibelungo corresponde, por al texto, al primer período artístico del maestro, mientras que los otros tres dramas provienen de la época de plena conciencia.

En cambio, la música de El Ocaso da los Dioses es la penúltima obra de Wagner; no fue comenzada hasta veinte años después de la conclusión del poema. Y hay que reconocer que la unidad entre el poema y la música, que podemos comprobar en Tristán e Isolda, en Los Maestros Cantores, en Parsifla y en las mismas tres primeras partes de la Tetralogía, no existe en modo alguno en El Ocaso de los Dioses, exceptuando siempre las cuatro escenas que se refieren directamente a Wotan y que, por esta mioma razón, se distinguen a primera vista da las demás.

Pero el mismo hecho de que Wagner aprovechara el antiguo poema sin estimar necesario escribir uno nuevo, ¿no es una prueba concluyente de la escasa importancia que atribuía al texto de este drama final, no nos da motivo para ver en El Ocaso de los Dioses una inmensa sinfonía? Aunque partiendo de un punto diametralmente opuesto al de Beethoven, Wagner coincide aquí con el, con el Beethoven de las grandes Sinfonías, en las que la música alcanza un limite que la convierte en drama, mientras que aquí al drama alcanza un nivel en que todo -razón, entendimiento, palabra, visión- se funde por completo en la música.

Y he aquí porqué Wagner pudo conservar el poema primitivo; y puede aplicarse a El Ocaso de los Dioses lo que el mismo Wagner dijo de la Missa Solemnis de Beethoven: "el texto no hay que tomarlo en su sentido inmediato, sino que sólo se utiliza como base de la voz humana, y desde este punto de vista, no tiene otro objeto que despertar las impresiones que en nosotros producen los símbolos ya conocidos". Lo mismo podríamos decir de la participación del elemento de la visión en aquel drama.

Hay que hacer constar, sin embargo, que esa sinfonía no seria posible si todo el gran drama no la hubiese precedido. Solamente cuando la acción ha sido llevada de una manera absoluta al interior, y cuando al protagonista no aparece mas en escena, porque su sola presencia nos turbaría, distrayéndonos de la contemplación del alma inconmensurable en que nos hallamos abismados; solamente entonces es cuando la música se hace absolutamente omnipotente.

Y tampoco en ninguna otra obra de Wagner encontramos una emancipación tan completa da la música como en esta. Se hace patente aquí la nueva noción de la música absoluta que surge del drama wagneriano. No es ya aquella música absoluta de la que nuestros estetas dicen con orgullo que no puede expresar nada, Bajo ningún concepto; por el contrario, es la música que llega, a través del drama a expresarlo absolutamente todo.

El Anillo del Nibelungo, a causa de la manera como se representa en nuestros teatros de opera, resulta una obra por completo incomprendida y desconociendo, así para la inmensa mayoría da los que la admiran como para los que la denigran. Ojala que este breve estudio despierte el deseo de conocerla y comprenderla mejor.

FIN

Saint-Saens

Saint-Saëns

Conferencia del Dr. Adalberto García de Mendoza
Pronunciada en el Concervatorio Nacional de Música

1835 – 1921
Sinfonía No. 3 en Do menor Op. 78

1. **Adagio. Allegro Moderato. Poco Adagio**
2. **Allegro Moderato. Presto. Maestoso. Allegro**

La tercera Sinfonía de Saint-Saëns fue escrita para la Sociedad Filarmónica de Londres; y su primera representación fue el 19 de Julio de 1886, fue conducida por el mismo compositor. Para esta ocasión el compositor preparó un análisis de su contenido y estructura para el programa, el cual está indicado en este análisis. Después de una introducción lenta y dolorosa de violines y oboes, el cuarteto de cuerdas da su primer tema, sombrío y agitado en carácter, el cual después de una transformación por los instrumentos de viento dirige al segundo sujeto marcado por grandes reposos. Después de un corto suceso representado por dos temas simultáneamente, el segundo reaparece en una nueva y notable forma breve en su duración. Es seguido por una transformación en el primer tema a través del desasosiego en el cual son oídos a intervalos unas dolorosas notas del Adagio. Varios episodios introducidos a una sensación gradual de reposo, guían al Adagio, en Re bemol, el sujeto es dado en los violines, violas y violoncelos acompañado por una sección de cuerdas. En seguida caprichosa y elaborada variación de violines, la segunda transformación del tema inicial del Allegro reaparece, restaurando el viejo desasosiego, el cual queda más separado del argumento por las disonancias armónicas. El principal tema del Adagio regresa entonces, y es tocado por los violines, violas y violoncelos acompañados por un coro de órgano y por un persistente ritmo en terceto de procedencia episódica. Este movimiento se cierra con una Coda, "mística en sentimientos" dice el compositor.

El segundo movimiento, Allegro Moderato, se abre con vigorosa figura la cual es seguida por una tercera transformación del tema inicial en el primer movimiento, y más agitada que las otras y limitada a un carácter de fantasía, en que se declara a sí mismo en un tumultuoso Presto, a través del cual rápido a intervalos el Arpegio y las rápidas escalas del pasaje de pianoforte acompañados por un sincopado ritmo en la Orquesta, interrumpido al final por motivo expresivo. Después de la repetición del Allegro Moderato el segundo Presto es introducido él que aparece con poca calma, fervorosa figura para trombones, en un notable contraste con fantástico carácter del primer Presto.

Allí hay un conflicto entre los dos, terminando en derrota el último; y después de una vaga reminiscencia del tema inicial del primer movimiento, un Maestoso Do menor, anuncia el último triunfo de la nueva y ardiente figura. El tema inicial del primer movimiento en su nueva forma es en seguida declarado por una sección de cuerdas y el pianoforte de cuatro manos, y terminado en órgano y toda la Orquesta. Después del suceso en la triple barra rítmica, hay un episodio para órgano, seguida por un tema pastoral repetido dos veces. Un Coda, en el cual el tema inicial en la última transformación aparece como un pasaje de violín, terminando este magnífico trabajo.

Tchaikovsky

Tchaikovsky

(De lo patético en la música)

Disertación del Dr. Adalberto García de Mendoza
Director del Conservatorio Nacional de Música, en el segundo
concierto de la Orquesta Sinfónica de la Universidad,
celebrado el día 14 de Noviembre de 1940.

La música de Tchaikovsky da lugar a hondas meditaciones tomando en cuenta, no su falso nacionalismo, ni la belleza extraordinaria de sus creaciones sinfónicas, sino la reproducción más fiel de un momento histórico en que una cultura véase zozobrar con la influencia que le da la introducción de nuevos motivos a su propia naturaleza.

Es bien sabido que Tchaikovsky no llega a tener el sentimiento nacionalista tan puro que se presenta en Rusia a través de Balakirev, en Alemania de Schubert, en España de Falla. Nunca pudo llegar a la magnificencia sinfónica de un Beethoven, un Wagner o un Frank. Rara vez consigue efectos nuevos, su instrumentación es más brillante que original y tiene la seriedad de grandes manifestaciones junto a las trivialidades más insoportables. Se deja arrastrar por la influencia germánica en procedimiento y aún en motivos y se descubre en él, al atormentado en intentos de liberación.

Para su cambio reproduce mejor que nadie esa época indecisa, la Rusia que corresponde al Siglo XIX en que el pensamiento, la emoción artística y las acciones mismas tratan de descubrir la cultura accidental para llevarla al espíritu eslavo.

Es por eso que nunca podremos considerar a Tchaikovsky como un nacionalista. Balakirev, César Cuí, Borodine, Mousorgsky, Rimsky Korsakof si llevan ese sentimiento que tiempos atrás descubriera en una forma ingenua Dargominsky y que Glinka pudo atrapar en el drama operístico.

No es Tchaikovsky el que sabe entender la lírica popular rusa, con ese realismo exasperado e implacable; ese genio racial que se reproduce en armonías primitivas, en giros melódicos imprevistos y en ritmos bruscos y quebrados.

Compárese, cualquier motivo y desarrollo de las Sinfonías, de la música de cámara, de las obras en general de Tchaikovsky, con esa técnica de la música nacional rusa y se descubrirá que en esta última hay la más completa independencia modal y rítmica; la mayor parte de sus melodías se construyen enfilando escalas antiguas, las que reproducen los matices más expresivos del alma rusa.

Por eso puede decirse que la música de la lírica popular rusa guarda más estrecha relación con las creaciones de los antiguos griegos que con la música occidental.

Hay en esa música primitiva la tonalidad con carácter siempre vago, el modo mayor es· empleado al principio y en el desarrollo para terminar casi siempre en el modo menor. Al finalizar no se emplea la tónica como se acostumbra en el Occidente, sino que se termina en la segunda o en otro grado diferente.

En estas melodías primitivas se presenta la influencia oriental en que los pasajes floridos rodean una sola sílaba, como los Makams entre los árabes o los hindúes.

El ritmo es irregular, obedece más a las cadencias sugeridas por el verso que se emplea, que a la simétrica repetición de los acentos. Son usadas con frecuencia los compases de siete por dos, de cinco por cuatro, alternando con los occidentales de dos por cuatro y de tres por cuatro. Y aun el movimiento varía considerablemente, pues de un comienzo lento, se llega, al terminar, al paroxismo de la velocidad y de la viveza.

Estos caracteres que podemos encontrarlos señaladamente en Borodine y en el estupendo creador del colorido orquestal Rimsky y Korsakof; jamás se avienen a las formas polifónicas empleadas con Tchaikovsky, Rimimi en sus sinfonías, Oberturas como Romeo y Julieta, la tempestad, conciertos para piano y violín y demás producciones.

Es la melodía popular rusa la que mejor expresa el alma eslava. Tiranizada por bárbaros y déspotas, víctima de vicisitudes morales y físicas, se sacudía destrozada, llena de sentimiento angustiosos por lo que es fácil cruzarlo como este espíritu llega al desenfreno cual el monje Budista en la danza magistral de Sai Shoki.

Las formas líricas populares en Rusia ofrecen caracteres específicos. Es así como los Bylni o cantos épicos, análogos a los romances de los juglares occidentales del medioevo, tienen el espíritu del pueblo a través de la historia. Los Jorovadi o cantos corales construidos sobre una melodía y seguidos de variaciones polifónicas improvisadas, ofrecen coloridos magníficos cuando son entonados por los Cosacos en ese espíritu dual de bravura y religiosidad. Y es el canto individual acompañado por la balalaika que, en la forma Piesni, envuelve el alma campesina en melodías tiernas de amor o de arrullo. Y esta lírica popular rusa que viene del más lejano romance, se encuentra con expansiones de bravura en la improvisación del coral y es íntima en el acompañamiento del instrumento nacional, jamás pudo haber sido comprendida, por el espíritu más occidentalista de Tchaikovsky.

Y ciertamente, el fenómeno que se ofrece en este gran músico es el que atormento la cultura rusa a través de las creaciones arquitecturales, coloristas en frescos o lienzos, literario y poéticas.

La cúpula bizantina no está diciendo el mensaje del espíritu fundamentalmente eslavo en esa época en que se crea la catedral de Santa Sofía en Nóvgorod. Estructura llena de misterios y a pesar de ello en el siglo XVII se trata de sustituir la cúpula bizantina por la piramidal y por la estatua en la llamada arquitectura moscovita, esta última hecha especialmente de madera que ornamenta todavía el sentimiento artístico de pueblos rodeando de pinares y estepas. Fueron la Iglesia de Transfiguración en Ostrobog y el templo en Uglitch, los que sostuvieron esta tendencia primitivista. Como el estilo bizantino produce el sentimiento nacional, la arquitectura del alto Volga en los Siglos XVII y XVIII emprendió la lucha contra, toda la influencia extraña. Fue en Rostov donde manifestase este esfuerzo con supremacía y dignidad.

Pero en cambio es en el tiempo de Pedro el Grande cuando el arte occidental hace su aparición de manera vigorosa. El convento de Smolny en Leningrado, muestra el contubernio de esos dos espíritus, pues encima de las torres y las cúpulas clásicas del Occidente, se encuentran los cupulinos bulbiformes. Son entonces construidos palacios en que se mezcla el barroco y el estilo oriental. Es la Catedral de Kazan la que lleva esta tendencia en un reformismo intrascendente para el sentimiento nacional.

Así también llega la invasión al arte de la pintura anotándose en los primeros lugares a forma pulida y elegante del estilo francés y la diáfana y exquisita del italiano. De esta manera piérdase el sentido histórico y cultural que guardaran los frescos bizantinos de Pskov realizado en el siglo XII y las pinturas de las iglesias de Moscú correspondientes al Siglo XVII.

En la literatura acontece algo semejante, el romanticismo franco-alemán manifestándose con vigor antes de que Pushkin captara el carácter nacional de la literatura. Senda esta última que se pierde en Gogol, el retratista del alma rusa en desgracia, y en el más estupendo creador de la prosa rusa Turguenev, el Flaubert de la Rusia, antes llevan todo el carácter de pulimento occidental. Lo propio acontece con Tolstoi en su amortiguado cristianismo y pasión por la naturaleza. Sin embargo, es Dostoievski, el plebeyo, el presidiario, el que había de llevar el sentimiento místico más puro y afirmadamente eslavo. Un haz de nervios, atacado de epilepsia que se entrega al drama y a la tragedia más dolorosa y busca a Dios en desesperación encuentra la naturaleza íntima del pueblo ruso.

Tchaikovsky sigue la ruta de Gogol, Targuerer y Tolstoi porque es atormentado como el primero; pretende ser diáfano y pulido en la frase como el segundo y falso en la creencia como el último.

La sexta sinfonía. Lo patético en la Música

La naturaleza psicológica de Tchaikovsky también presentase ahondando la obra en contradicciones manifiestas, en anhelos inútiles de liberación y es así como, él mismo, al escribir la Sexta Sinfonía, destruye los primeros intentos por no tener inspiración ninguna, pretende presentar un enigma para todos y confiesa haber llorado amargamente durante su inspiración. Ninguna obra descubre el alma de Tchaikovsky como esta Sinfonía que oiremos y que para algunos críticos es la reproducción de la vida angustiada del hombre como lo fuera el Cuarteto de mi vida del inmortal Smetana.

El primer tiempo semeja el arrebato y la decepción de Zaratustra en la Filosofía de Nietzsche que anhelara encontrar en el superhombre el mundo realizado en plenitud; el segundo tiempo se acerca a los poemas de Verlaine que encierran misticismo y nostalgia; el tercero se interna en el impresionismo que lleva luminarias de color en la pincelada de Monet, y el último profundiza la filosofía de Eduardo Von Hartmann que descubre esencias en el inconsciente o la angustia redescubierta por Kierkegaard y aclarada por Heidegger. Va Tchaikovsky desenvolviendo a través de la Sinfonía Patética, el crepúsculo de la vida del hombre el destino y el dolor que toda gran obra lleva en su pecho; el aliento fugaz que es humo y solo preludia la muerte; y la caída en las sombras como un último aliento de la existencia.

En el adagio inicial se encuentran los tonos lúgubres y profundos del fagot que representa la meditación. Las violas, el oboe y el clarinete, contestan con lamentos y los bajos ofrecen el fondo como las magníficas realizaciones del Rembrandt en catedrales o en Rondas. Hay melodías llenas de sentimiento en que la tristeza, la angustia y la consolación manifiestan sus diálogos de mayor intensidad. Intervienen en todo este aspecto los cornos y los violines, los cobres y las cuerdas y después de paroxismo decae la música, como lacerada por una pena abrumadora, manifestándose en el eco que reproduce el clarinete, en los acordes que entonan los instrumentos ele viento y en los timbales que llevan un trémolo desesperado, el último aliento de una vida que se extingue. Aparece una melodía semejante a un suspiro para llegar al pizzicato de cuerda y a la sombra de los sonidos. Este desfallecer después de la lucha muestra más que ninguna otra estructura musical, el sentimiento propio de Tchaikovsky. Es el arrebato por la intuición, es el intento de encontrar campos nuevos y verdades nuevas pero siempre se descubre al final la decepción de tal anhelo y la caída de tal vuelo.

El segundo tiempo descubre la realidad social de aquel entonces. La vanidad de la polka y la vulgaridad del vals, la línea pulida de la danza de Corte y la alegría sufriente ele las masas populares que, entonándose en los sellos surge con el dolor de la miseria. Es, sin embargo, un sentimiento arraigado en el destino, pues los tambores dejan oír la penetrante fuerza de su llamada desde el principio hasta el final.

En el tercer tiempo se señala por un movimiento violento y enérgico, las cuerdas y las maderas en el fondo dan realce al ritmo marcial de la trompeta. Los violines entonan otra melodía de victoria y el conjunto lleva aún más afirmación en una tercera frese de intensa emoción. Todo señala un mundo de esplendor en donde las escalas implican energía y el final tiene su expresión de conquista en acordes de soberana belleza.

Y todo ello para llegar a la angustia más profunda, el lamento de las cuerdas y de las maderas que llevan ese preludio al pensamiento fúnebre y patético del fagot. El silencio es el símbolo de la nada y de las tinieblas para descubrir una segunda frase melódica en ese horizonte que entregan los cornos y entonada por los violines y las violas nos hace vivir momentos de preocupación. Hay menos tragedia pero también mayor dolor. Frases cortadas como sollozos y finalmente, la caída a la nada. Se manifiesta en el Gongo el golpe tétrico y solemne, los trombones en acordes llevan su canto de muerte y en una forma de descenso se pierde todo nuevamente en la anulación de toda la realidad.

En la sinfonía patética se descubre el poder primitivo del hombre lleno de incertidumbre para terminar en la angustia siguiente de su propia conciencia. En esta otra se encuentra la nostalgia del romántico con el dolor que lleva toda confesión. Compendia un aliento fugaz, violento y lleno de anhelos incomprensibles.

La sinfonía patética descubre, al finalizar, todo un paisaje de sombras que reproducen el dolor pesimista y cruel. Hay juego de grises y negros, de pasiones que envilecen y desesperaciones que atormentan. No es la obscuridad rembranesca que, al profundizársela, manifiesta luminosidades sorprendentes, bronces espléndidos y un mundo jamás vislumbrado en la paleta de los venecianos o de los florentinos. No es tampoco la obscuridad que envuelve los amores de Pelleas et Melisande en la sutil y esotérica expresión poética de Maeterling. Es el dolor que se vive en los dramas de Gorky a través de los infrahombres, en que el sufrimiento anonada, destruye, aniquila para convertir al ser humano en un añico de la existencia universal.

Páginas como estas difícilmente podrán encontrarse en campo de las armónicas sonoras. Es el dolor que lleva el dolor, y no, como en el caso de Beethoven, el dolor que conduce a la felicidad. Tal vez podríamos decir que no es la endemonia, o felicidad que se entrega en la visión de las esencias y en la praxis de la obra buena y desinteresada; sino la hedone que puede conducirnos a la ataraxia que de ninguna manera se refleja en una verdadera paz espiritual. El Cristo sangrando de Zurbarán, el Hamlet atormentado de Shakespeare interrogando a la nada y dubitando ante el ser; apenas pueden compararse con el sentimiento que nos sumerge la última parte de la Sinfonía Patética de Tchaikovsky; pues en la primera obra, es el dolor que salva y en la segunda, es la reflexión que angustia; una nos conduce a la fe, la otra a la filosofía. En cambio en la Sinfonía Patética no hay ni fe, ni filosofía, hay la expresión romántica del Nihilismo ruso.

Tchaikovsky

1840 – 1893
Obertura, Fantasía de Hamlet. Op. 67.

El Hamlet, Fantasía seguida no mucho después de la Sinfonía "Manfred" de Tchaikovsky es propiamente dedicada a Grieg. Se abre con una larga introducción, describiendo el dolor de Hamlet ante la Muerte del Rey, en los sellos y violines los cuales tienen un dramático tema trabajado a culminación, y seguido por doce sucesivos golpes ejecutados por trompeta con sordina, representado la media noche seguido por el tema del duende en las cornetas, trombones, tuba, contrabajo, acompañados por el llamado de las trompetas y el trémulo de las cuerdas. Esto nos da idea del espíritu de la Fantasía, el tema sombrío y agitado, representa la indecisión de Hamlet gracias a Ofelia y quizás la resolución. En seguida en el segundo tema indica la gracia y sentimiento de Ofelia, ejecutado por las maderas con el acompañamiento de cuerdas y luego extendiéndose solo a las cuerdas. Esto es seguido por una marcha rítmica en decisiva los trombones, repetido en las cuerdas y en los instrumentos de madera. El primer tema regresa como una corta transición. La tercera sección de la Obertura el principal material, la tragedia es trabajado con gran intensidad, como un subsidiario pasaje del oboe, seguido por el segundo tema. La coda es un largo y agitado, está construido principalmente sobre el triunfo en la venganza segundo tema y la marcha. Este es una obra para una culminación estruendosa, después del primer tema reaparece y la fantasía viene a cerrarse con pianísimo

Puente del Suspiro
Venecia

Ricardo Strauss

Ricardo Strauss y Sus Fuentes

LA CARACTERIOLOGIA EN LA OBRA MUSICAL DE RICARDO STRAUSS.

Versión taquigráfica de la conferencia pronunciada en el Conservatorio Nacional Música el día 3 de octubre de 1936, por el Dr. Adalberto García de Mendoza, profesor de Estética Musical y Director de la Institución.

I

1.- La Música, expresión integral de la vida.

Hasta la fecha el arte musical ha sido considerado como una manifestación autónoma. Sus creaciones han estado estimadas como desarrollos de una trescendencia espiritual única e irreductible. Música pura, es una expresión constante que vése repetida despés de oir un cuarteto de Haydn, una sinfonía de Brahms o un septeto de Ravel.

Qué lejana esta idea de la realidad! El arte que tiene menos independencia o ninguna, es el musical. Casi podríamos decir que no es músico el que no tiene destreza en cualquiera de las otras manifestaciones artísticas o espirituales.

Beethoven pinta a lo Rubens, dramatiza a lo Schakespeare o a lo Shiller; Bach construye a lo Miguel Angel; Debussy imagina a la manera expresionista de Monet, y Strawinsky siempre tiene la plástica moviente de la danza.

Música pura es una frase que no sólo peca contra el sentido finalista de manifestación artística; sino que desdeña la esencia misma de la creación musical.

Querer encontrar únicamente esencias musicales, es tanto como desligar la vida del pensamiento, la forma del contenido. Cuantas veces hemos oído la frase dibujista de Mozart, recordamos la línea exquisita de Rafael o la acabada figura de un retablo de Durero. Lo propio ha acontecido al oir aquel romántico sublime: Roberto Schumann que, a travez de los sonidos, nos sumerge en la ondulante fragilidad de los juegos infantiles en el Carnaval o en la meditación de la vida en la melódica frase del poeta. Son sus pemas musicales cuadros pictóricos de un expresionismo radical en que la silueta doseña lo fundamental del motivo.

Quien más y quien menos nos relaciona con el sentimiento de espaciosidad de las majestuosas catedrales, con las figorosas pinceladas de Van Dick o Ticiano, tenues de Watteau o Monet; la estructura franca de la arquitectura romana o la pulida y filigranada figura de la mesquita islámica. Otros nos internan en la musculosa estatura de Miguel Angel o en la vaporosa de Bernoullí; en la danza rítmica de los misterios de Eleusis o en la desenfrenada pasión del bailable en las orgías de Ukrania; en el misticismo de la poesía de Maeterling o Verlaine, en la figura inquieta de Don Juan o en la severa de Hamlet.

Por esto mismo la estructura musical es tan amplia y tan complicada que cualquier análisis estético de la misma requiere profundas meditaciones en otros campos de alta espiritualidad.

II

2.- La obra caracteriológica de Ricardo Strauss.

Me toca pues analizar en esta ocasión uno de los genios musicales más potentes. Me refiero a Ricardo Strauss. Su figura se yergue potente y la significación que lleva su obra es de enormes proporciones.

La música de Strauss es la que con mayor desnudez nos muestra la íntima unión de la música con las manifestaciones de una psicología caracteriológica conseguida a través de los más penetrantes atisbos artísticos.

No existe música pura, ni siguiera música como música. Toda obra llamada musical es el compendio de elementos diversos en la sensibilidad plástica o visual. La falta de esta sensibilidad ha hecho que la mayor parte de nuestros músicos estén alejados de una labor de creación fructífera. Por eso mismo, cuando Ansermet ensayaba con la orquesta, supo aprovecharla porque sus explicaciones siempre tuvieron un motivo visual, pictórico, plástico. Tal aconteció en los ensayos de la Petruschka de Stravinsky o de los Nocturnos de Debussy.

Y la plástica es la realización plena del arte. Es la integración del ritmo, de la forma y del colorido. A ello aspiró siempre el drama en la batuta maestra de Wagner, a ella se ha referido la pincelada luminosa de Rimsky Korsakow o la ténue, ilimitada y sugerente armonía de Ravel.

El alma es la realización plena de la plástica. Ella tiene la objetividad más pura y a la vez más efectiva para el hombre. Shakespeare, al presentarnos el espectáculo solemne de las pasiones y sentimientos más penetrantes de la humanidad a través de Hamlet, Otelo, Desdémona o Ariel; nos interna en un mundo de formas plásticas, solemne o denigrante, austero o ridículo, pero siempre impresionante por su poder y su realidad.

Por eso mismo la música de Strauss, no es algo que se oye, es algo que se palpa. Sus frases tienden a lo objetivo, modelando con fuerza increíble las pasiones, las ironías y aún las intuiciones filosóficas de los que la sienten. La "Salomé" lleva el ritmo lujuriante ante nosotros, pero de manera real, con la danza de los velos, el frenesí de un momento de la libido en que el corazón se desborda, la carne se yergue temblorosa y sedienta; el "Burgues Gentilhombre" nos envuelve en la cadenciosas y ridícula comicidad de las formas ampulosas y falsas y los arrebatos cómicos de estructuras anímicas construidos en los pequeños y diminutos detalles de la vida; y la "Sinfonía Alpina" nos hace vivir sensaciones concretas a través de una ascención a las regiones de los picachos más altos de las montañas, envueltos en la neblina o en la vaporosa naturaleza de las nubes.

III

3.- El realismo en la obra de Ricardo Strauss.

Realidad ante todo, tal es el pensamiento de Strauss. Con la más potente orquestación que se conoce hasta la fecha, llega en la "Vida de Héroe" a hacer tocar a la orquesta simultáneamente en tres tonalidades absolutamente distintas, y en la "Elektra" a los mayores paroxismos de una figura mitológica en la significativa Grecia.

Viviendo en la época de las placideces convencionales pero nutriendo su sentimiento de la frase humana de Beethoven, de la epopeya edicta de Wagner, de los intentos sinfónicos del sugerente y moralizador Liszt; Strauss amplía considerablemente el canto de la Novena Sinfonía para un mundo nuevo, la quejumbrosa melodía de la Marcha Fúnebre de la Tercera, el sentido místico e impenetrable del Parsifal, la línea llena de emotividad de Brunhilda o el penetrante suspiro de Elsa.

Acompañado por Tchaikowsky y Saint-Saens, despliega el poema sinfónico a nuevos derroteros desconocidos por Liszt; pero va provisto de una técnica formidable, de un conocimiento orquestal único y aún más, de una filosofía de vida y renovación como es la de Nietzsche. Sus compañeros son pálidos, pues les falta una visión de altura, mientras que él se nutre de las palabras de Zaratustra en el propósito de realizar el übermensch, el super-hombre; y de los sentimientos más arrebatadores de la humanidad.

Pero no toma la nota simbólica, va como Zolá, por el camino del realismo crudo; como Ibsen por los derroteros de la vida contingente. Elabora una nueva forma de realidades plásticas con instrumentos musicales: el poema tonal; se sumerge en el verismo que sabe apreciar más la verdad que la belleza para internarse en la potente pristinidad de la existencia.

Sólo un buceador de la naturaleza, Stravinsky, sabrá llevarnos a las regiones de la creación a través de lo sagrado de la naturaleza o de la existencia humana.

El vigor de Strauss no es suficiente a la fecha para internarnos en el verismo de la máquina, en el sufrimiento de los desposeídos o en las fulgurantes auroras llenas de color rojo de un nuevo anhelo social. Ha trabajado de manera intensa y profunda y su contribución ha obtenido las máximas realizaciones.

No es pesimista como Wagner que supo captar la leyenda de la antigua Germania y la filosofía demoledora de Schopenhauer; no tiene la religiosidad bíblica de Juan Sebastián Bach, la moral pasiva y alentadora del sordo exquisito; ni la placidez palaciega, dulce y serena de Mozart.

Sabe comprender la tragedia de Macbeth, la inquietud de Don Juan; la elegancia burguesa de la Viena del siglo XVIII a través de su Caballero de la Rosa, la parodia de Gluck en la Ariadna en Naxos, valiéndose de la comedia de Moliére, y también los problemas biológicos del maltusianismo en la Mujer sin Sombra, las palabras llenas de esperanza y resolución de Zaratustra y aún la Muerte y la Transfiguración con el sentido profundo de la existencia.

Nunca se ha escrito página más profunda sobre la muerte que la llevada a la orquesta por Strauss. Ni la cincelada procesión del enterramiento de Sigfrido en la vigorosa orquestación de Wagner, ni la viviente realidad de la muerte de Boris en el realismo de Mousorsky; ni la penosa decepción de la vida heroica en el segundo tiempo de la Tercera Sinfonía de Beethoven; ni la doliente y romántica marcha fúnebre de Chopin; podrán sellar en nuestro espíritu el poder evocador de la muerte, en que la esperanza llega hasta los últimos confines de la vida y aparece con todo el esplendor de su terror y misterio, a través del tiempo, en el simbólico campaneo de las horas. Qué sentida es la melodía de la muerte; elegante es el vals en el Caballero de la Rosa, apasionado ya la vez coqueto y variable el amor de Don Juan, pasional es la Salomé en la danza acompañada de la flauta egipcia, irónica es la reminiscencia del Burgués, gentilhombre; plácida es la ascensión en la Sinfonía Alpina, juguetona es la frase en las travesuras de Till el Travieso; llena de bromas a toda orquesta es la Sinfonía Doméstica.

Bruselas

En todos los momentos las disonancias, la riqueza pletórica de modulaciones, los ritmos más sutiles y los caracteres más firmemente desenvueltos.

IV

4.- El universalismo en Ricardo Strauss.

Su primera obra, es un conjunto de bellas y tranquilas canciones sin grandes arrebatos aunque sí con problemas iniciales. Cecilia Descansa mi Espíritu, Todos Santos, Sueño Crepuscular, etc.; denotan un sentido de placidez. Pero influye en él Ritter, ese violinista filósofo, y la disonancia aparece y los poemas dramáticos nacen en su espíritu.

Lo fundamental entonces es la creación de caracteres musicalmente objetivos. Es Goethe que sabe dar vida a sus personajes a través de características profundas.

Puede decirse que nadie antes o después de Strauss ha sabido describir en notas, la plástica figura del alma humana.

Cuando Beethoven levanta su dolor en la sonata Kreutezer o en el Agnus Dei de su misa en re menor; su alegría en la Novena, que nos hace recordar ese haikay japonés que dice: "ebrio de dolor me siento feliz"; siempre es la expresión del alma beethoveniana, de él mismo, a través de sus dolores y decepciones impuestos por la herencia y la comprensión. En cambio Strauss, es la manifestación de seres que a través de la historia o de la vida han simbolizado los caracteres reales de la humanidad.

¿Quién puede olvidar el erotismo bestial de Salomé, la fragilidad amatoria de Don Juan, la visión profética de Zaratustra, la abnegación y el sacrificio en la vida de los héroes? ¿Quién puede desligarse de la intuición de la muerte y del anhelo infinito de resurrección? - Nadie que haya estado al contacto de la existencia.

V

5.- Algunos caracteres en el Straussismo.

Ya Alba Herrera y Ogazón, con esa fluidez de espíritu, al referirse a la trágica figura de la galilea romana, opinaba:

"La Música de Salomé es un vívido kaleidoscopio de los sentimientos y las ideas que marca el diálogo. Esa estupenda orquesta straussiana, - mar no agotado de insospechados efectos sonoros, produce las más claras y puras armonías para delinear la patética figura del Bautista, expresa de manera casi plástica la serpentina gracia de Salomé, y palpita con toda la fiebre, raya en locura, de su terrible deseo; estalla en horrísonas cacofonías al describir las pasiones repulsivas del Petrarca; brilla, cintila, irradia con todos los colores del prisma cuando el degenerado monarca ofrece joyas de esplendor nunca visto; y en el famoso intermedio sinfónico está manifestado de manera tan explícita y elocuente el mundo de sentimientos violentamente antagónicos que torturan a la siniestra Salomé, que su audición impresiona hasta hacer daño".

Y con respecto a Elektra:

"Asimismo pasando a la "Elektra", encontramos en cierta "procesión del sacrificio" que la música describe hasta la respiración afanosa de los sacerdotes y los vacilantes pasos de las víctimas."

Y aún Kobbé, al referirse a "Así habló Zaratustra", exclama:

"La gran explosión fortísimo en do mayor con que empieza la obra, es el símbolo de la Naturaleza y saluda al peregrino, en la cumbre de la montaña, con las glorias de la aurora. El ser que busca la solución de los problemas de la vida, baja la montaña. Prosigue su búsqueda en muchas escenas diversas, entre toda clase de tipos humanos. Experimenta alegría, pasión, remordimiento. Piensa que la sabiduría puede encerrar la solución final... Y la vaciedad de la sabiduría está descrita por el compositor, con agudísima sátira, en una fuga a cinco partes, perfecta, pero completamente árida. Las experiencias variadas del explorador forman otras tantas divisiones del poema tonal. Hay hasta un aire de vals... ¡júbilo sin límites!... ahí puede estar el fin que busca...Mas, oíd!...una estrofa sombría seguida doce veces por una campanada más y más débil...Luego, un tema que toma vuelo, fugitivo, en el registro más alto de la instrumentación moderna, hasta que parece cernerse por encima de la orquesta y desvanecerse en las nubes: es el alma del buscador, termina su búsqueda terrestre...mientras el tema que lo saludó al amanecer, sobre la cumbre de la montaña, resuena en las profundidades orquestales, simbólico de la Naturaleza, siempre misteriosa e inescrutable".

Para comprender el sentido hay que ahondar la vida, para llevar sabia al arte musical hay que adentrarse en la pasión, serenidad e intuición de la forma plástica del alma a través de los caracteres que han forjado la historia y la naturaleza humanas.

VI

6.- El poema sinfónico y la obra Straussiana.

Es evidente que el poema sinfónico está más íntimamente ligado a elementos exteriores a la música. El asunto resuelve su propia estructura en forma más íntima que en la sonata o en la sinfonía. La historia del poema sinfónico se remonta hasta la época Palestriniana en el siglo XVI, desarrollándose ampliamente en el período de la suite y reapareciendo con Berlioz y Liszt con nuevas orientaciones.

En su primer época fue vocal, Hannequin, Striggis, Eccar y Croce aprovechan los madrigales en poemas musicales hacia 1550 y 1600. A principios del siglo XVII es objeto de instrumentación en forma de suite en Buxtehude, Munday y Couperin; y en forma de sonata en Kuhnau.

La "Sinfonía Fantástica" y "harold en Italia", en mano de Berlioz; los "Preludios", "Prometeo", "Hamlet", "De la Cuna a la Tumba"; en la diestra batuta de liszt; "Phaeton", "Danza Macabra" y "Juventud de Hércules" en Saint-Saënz; las "Eolides" y "Psyque" en el cromático proceder de Franck; acompañan las fuertes y vigorosas interpretaciones de "Muerte y Transfiguración"; los magníficos destellos caballerescos de "Quijote", los bellos temas de "Don Juan", en la creación de Ricardo Strauss.

VII

7.- El humanismo de Strauss.

El campo estaba abierto y mientras Borodine nos lleva a ese aislamiento del trineo en las estepas del Asia Central; Glazounow bosqueja el mar, el bosque y el ímpetu de los piratas del mar; Rimsky korsakow nos llena de fantasía oriental en la Scherazada, Cuento Mágico y Sadko; Dukas en la juguetona poesía del Goethe en su Aprendiz de Brujo; Ravel nos llena de sutilezas en la Madre Oca y Albeniz da luz y color en triana; sólo Strauss nos presenta el espectáculo solemne del alma humana.

Con su escritura siempre horizontal, aun cuando en muchas ocasiones emplea las agregaciones armónicas bien en acordes consonantes o bien en acordes agresivos, el espíritu sé manifiesta a través de sus caracteres, en Vigorosas y pulidas pinceladas.

Se necesitarían páginas enteras para describir la pasión erótica de Salomé esculpida en el poema de Strauss; y lo propio acontecería con aquellas figuras de enormes proporciones a través del Zaratustra de Nietzsche, de la Elektra forjada en la mente vigorosa del griego, del dramatismo de Shakespeare en Macbeth y aún de la coqueta burguesía del siglo XVIII, a lo Lully, a través del Gentilhombre, de la riqueza rítmica del vals en el desquiciante aspecto del Caballero de la Rosa, o en la filosofía de Muerte y Transfiguración sólo bosquejada en la fuerte pluma de Max Scheller.

Todo un mundo de realidades anímicas en que la objetividad adquiere su mayor esplendor; sabe internarse únicamente en el microcosmos humano dejando para otros genios como Debussy, la naturaleza a través del sentimiento sereno que entrega la contemplación de nubes arrastradas por el viento de estío, tristemente desolador de una tarde otoñal en la caída de las hojas, o pletórico de fulgores orientales en la pincelada del mar.

La figura de Strauss está empapada de humanidad con el potente vigor de la mentalidad occidental y con el poder de la exquisita manifestación contradictoria de la vida.

Salud.
Adalberto García de Mendoza.

Poema Sinfónico Op. 30

Disertación del Dr. Adalberto García de Mendoza
Pronunciada en el Conservatorio Nacional
de Música, el 25 de marzo de 1941

"ASÍ HABLÓ ZARATUSTRA"

Pocas veces se ha hecho una obra inspirándose en un programa tan amplio y a la vez de tanta trascendencia como el de Richard Strauss. El mismo autor dice que ha intentado, por medio de la música, expresar una idea del desarrollo de la raza humana desde su origen, a través de las diversas fases de su evolución religiosa y científica, hasta el momento del hombre superior según la construcción que ilustra el libro de Nietzsche intitulado "Así habló Zaratustra".

Es indudable que hay mucho de esto en la obra: el primer movimiento nos da idea de la salida del sol y de cómo el Hombre siente el poder de Dios. Pero inmediatamente el ser humano anhela, desea y se precipita en la pasión en donde no encuentra satisfacción. Este segundo movimiento es esencialmente virtual. Se vuelve hacia la ciencia y trata en vano de resolver el problema de la vida, entonces se entrega a la danza para terminar en un instante en que su alma se eleva a las regiones del Empíreo mientras el mundo se hunde muy abajo.

Hay al principio una introducción en do mayor que es el símbolo de la naturaleza en su aurora que saluda al peregrino. Este baja de la montaña y va en busca del hombre superior. Experimenta anhelo, alegría, pasión, tristeza, remordimiento, ansias de saber, júbilo sin límites, pero llega a la canción de la noche en que oye las doce campanadas que le señalan un mundo nuevo en el camino de la eternidad y en donde su alma se eleva mientras la materia se pierde.

Poema de enormes proporciones que ilustra con pasajes de una orquestación vibrante y sugestiva; lleva, no una tesis filosófica, sino una vivencia interna profundamente vivida dentro de una concepción consciente.

Comencemos Con La Obra

Introducción

La introducción empieza con un tema solemne que entona la trompeta y se llega a un gran clímax de toda la orquesta.

Es el momento en que la naturaleza habla de Zaratustra, o en que la humanidad inicia su propia historia.

Nietzsche habla así:

"Óyeme, astro grandiosos! ¿Cuál sería tu felicidad si no tuvieras a quiénes prodigar tu luz?

"Diez años hace que subes diariamente a mi caverna; si no hubiera sido por mí, por mi águila y por mi culebra, te habrías cansado de tu luz y de este camino".

"Pero nosotros te esperábamos todas las mañanas, te aliviábamos de excesos de tu luz y por ello te bendecíamos".

"¡Mira! Estoy asqueado de mi sabiduría, como la abeja que ha libado demasiada miel, y necesito unas manos que se ofrezcan".

"Quisiera regalar y repartir hasta que los sabios entre los hombres vuelvan a alegrarse de su locura y los pobres de su riqueza".

"Para eso tengo que descender a las profundidades, como haces tú al anochecer, cuando vas detrás de los mares llevando tu claridad al mundo inferior. ¡Oh astro pródigo de riquezas!".

"Como tú, tengo que desaparecer, que "ponerme", como dicen los hombres, hasta quienes quiero descender".

"Bendíceme, pues, ojo tranquilo, que sin envidia puedes contemplar una felicidad inmensurable".

"Bendice la copa que va a derramarse para que de ella se vierta dorada el agua y lleve a todas partes el reflejo de tus delicias".

"¡Mira!, esta copa quiere vaciarse de nuevo y Zaratustra volver a ser hombre".

"Así comenzó la perdición de Zaratustra".

Inmediatamente nos encontramos con un andante religioso que señala dos capítulos interesantes de la obra: "De los alucinados de un mundo mejor" y "Del gran anhelo". Aurora de la mente. Principio de la angustia. Despertar de la conciencia. Tal es el intento de la música en este primer momento.

De los Alucinados de un Mundo Mejor.
"Von den Hinterweltern."

Los cornos anuncian un tema de carácter religioso como para hacer resurgir una nueva concepción del mundo.

El texto nos dice:

"Un día, Zarathustra proyectó su ilusión más allá de la vida de los hombres, a la manera de todos los que creen en ultratumba."

"Del mismo modo, un día proyectó también su ilusión más allá de la vida de los hombres a la manera de todos los creyentes en ultramundos."

Con estas palabras el capítulo se inicia, pero a continuación, el rebelde se manifiesta:

"Yo he enseñado un nuevo orgullo, que yo enseño a los hombres: no ocultar la cabeza en las nubes celestes, sino llevarla al descubierto: llevar alta una cabeza terrestre que os pueda crear el sentido de la tierra."

Tal es el anhelo de entregarse al mundo de Zarathustra.

Del Gran Anhelo. "Von Der Grossen Schnsucht."

Pero inmediatamente nace en Zaratustra el gran anhelo y levanta su voz para decir:

"Alma mía, te he dado el derecho de decir "no", como la tempestad, y de decir "si", como el cielo despejado; ahora estás tranquila como la luz y pasas al través de las tempestades anegadoras."

"Alma mía, he derramado en ti el sol y toda la noche, todos los silencios y todos los anhelos, entonces has crecido para mí como una viña."

"Te he dicho que cantes."

Violoncello y fagot entonan el canto lleno de esperanza.

Con este deseo manifiesto, se entrega Zaratustra a las alegrías y a las pasiones.

Venecia

De las Alegrías y las Pasiones. "Von den Freuden und Leidenschaften."

"El hombre es algo que debe ser superado. Por eso necesitas amar tus virtudes porque perecerás por ellas"

"Lo que yo amo es una virtud terrena, que tiene poco que ver con la sabiduría y con el sentir común."

La orquesta se desborda en crescendo y se reproduce el furor de la alegría y de la pasión en su primera forma. Aquí la orquesta lleva un canto de íntima melancolía. Cuerda y alientos, especialmente el corno, buscan efecto de este estado de ánimo.

Pero viene inmediatamente el canto de la tumba. Aquel que sumerge al hombre en la meditación de la angustia después de haber gozado las alegrías sin límite.

El Canto de la Tumba. "Grablied."

El poema se sumerge en el más profundo de los abismos. Ve la isla de los sepulcros y la encuentra silenciosa y entonces levanta su voz para decir:

"Habéis muerto, fugitivos, demasiado pronto para mí. Sin embargo, ni habéis huido de mí, ni yo he huido de vosotros".

"Habéis acortado mi eternidad como se trunca un sonido en la fría noche".

"Entono el canto más lúgubre y sombrío. Ay! me zumba en los oídos como el cuerno más fúnebre".

"Pero mi voluntad es para mí la destructora de todas las culpas. Salve, voluntad mía. Sólo donde hay tumbas hay resurrecciones".

Inmediatamente Zaratustra se entrega en alas de la ciencia. Quiere descubrir como el Fausto la esencia de la verdad. Pero su estilete destruye la vida misma y encuentra el vano retozar de las ideas en un proceso sin término.

De la Ciencia. "Von der Wissenschaft."

El capítulo de la ciencia es para quejarse de la inutilidad de la misma, y hace factible la construcción de una Fuga, desprovista de interés para manifestar por este medio que el saber de la ciencia no puede descubrir el verdadero sentido del espíritu humano.

Se hace una Fuga de carácter artificial, ampulosa y nada digna de decir una virtud.

El Convaleciente. "Der Gínesende."

Inmediatamente aparece un nuevo renacer del hombre y el texto nos dice:

"Zaratustra, dijo: Sube, pensamiento vertiginoso, sal de mi profundidad".

"Yo, Zaratustra, el afirmador de la vida, el afirmador del dolor, te llamo a ti. ¡Al más profundo de mis pensamientos!".

"A cada alma pertenece otro mundo; para cada alma, toda otra alma es un ultramundo".

"Entre las cosas más semejantes es donde es más bella la ilusión; porque sobre el abismo más pequeño es donde es más difícil lanzar un puente".

"A cada aumento principia la existencia, alrededor de cada "aquí" gira la bola "allá". El centro está en todas partes. La senda de la eternidad es tortuosa"

"Mira, nosotros sabemos lo que enseñas: que todas las cosas vuelen eternamente y nosotros mismos con ellas, que nosotros

115

hemos existido ya infinidad de veces, y todas las cosas con nosotros"

Son los cellos y las violas los encargados de elevar este canto que es de interés singular. Hay una atmósfera de gozo inicial.

Y principia la canción de la danza que es la del furor por la conquista de una nueva dicha en el reino del ritmo y del poder vital.

Canción de la Danza. "Tanz-Lied."

"Una tarde atravesó Zaratustra el bosque con sus discípulos, y yendo en busca de una fuente, legó a una verde pradera, rodeada de árboles y matorrales: allí estaban bailando unas jóvenes a las cuales les dijo:

"No dejéis de bailar, encantadoras jóvenes".

"Cierto que soy una selva en una noche; pero el que no tema mi obscuridad encontrará bajo mis cipreses campos de rosas".

Los instrumentos de aliento introducen su timbre brillante en este desarrollo.

Cuando se alejaron las jóvenes el canto de Zaratustra se terminó, éste quedó pensativo viendo como cerraba la noche.

La Canción de la Noche. "Nacht-Lied."

Entonces empieza el canto nocturno:

"Es de noche; ahora se eleva más la voz de los surtidores. Y mi alma es también un surtidor".

"Yo soy luz. ¡Ah! ¡Si fuese noche! Pero ésta es mi soledad: verme envuelto en luz".

"¡Ah, si yo fuese sombrío y nocturno; como sorbería los senos de la luz".

"El que da siempre acaba por encallecerle la mano y el corazón".

"Muchos soles habitan en el espacio vacío: su luz habla a todo lo que es oscuro: sólo callan para mí".

"Es de noche; ahora, cual una fuente, brota mi anhelo".

Es de un dramatismo inmenso.

Este momento del poema se hace notar a través de la obra musical con singular patetismo, para terminar en:

La Canción del Vagabundo Nocturno. "Nachtwander-lied."

Instante el más supremo en que el alma del hombre va a las regiones etéreas mientras la materia y el mundo se hunden.

Es la canción de la embriaguez y va a oírse uno de los cantos más profundamente lastimeros. Suenan doce campanas que acompañan a profundas lamentaciones e imploraciones.

Ellas son:
Primera: "Hombre, ten cuidado. ¡Oh! Ten cuidado".
–Oh mensch! Gief Acht!
Segunda: ¿Quién habla en la profunda media noche?
–Was spricht dae tiefe Mitter-nach?
Tercera: He dormido, he dormido.
–Ich Schlief, ich schlief.
Cuarta: De un profundo sueño he despertado.
–Aus tiefem traum bin ich erguacht.
Quinta: El mundo es profundo.
–Die Walt st tief.
Sexta: Y es más profundo que el pensamiento diurno.
–Un tiefer al der Taj gedacht.
Séptima: Profundo es su dolor.
–Tief ist ihr Wehr.
Octava: La alegría más profunda que la tristeza del alma.
–Lust-tiefer noch als Herzeleid.
Novena: El dolor: ¡Pasa!
–Weh spricht: Vergeh!

Décima: Empero toda alegría necesita la eternidad.

–Doch alle Lust will Ewigkeit.

Undécima: Necesita profunda eternidad.

–Will tiefe, tiefe Ewigkeit.

Es la visión del hombre en la penumbra del dolor y la música nos muestra cómo el llamado del principio va poco a poco alejándose para elevarse con el alma a las regiones supremas de la liberación, y en cambio el mundo se sumerge en el misterio y en la nada.

Es el dolor que envuelve a la noche, es la alegría más triste que la congoja del alma; es el deseo de eternidad que siempre se precipita en los momentos de extinción.

En esta forma, termina el poema de Strauss que dejará a nuestro espíritu en suspenso bajo el imperio de esas alucinaciones que, una vez tuviera un poeta y filósofo de Alemania y más tarde sus pensamientos sirvieran para alentar los más crueles destinos y las catástrofes más siniestras.

En la parte musical Strauss enuncia el politonalismo, pues la orquesta toca al mismo tiempo diferentes tonalidades. Hay disonancias de efecto misterioso.

Horizonte

El despertar de una vida se manifiesta en la paleta musical con singular belleza. Es la melodía de Richard Strauss, a semejanza del pensamiento de Nietzsche, el reclamo a la vitalidad desbordante e inconsciente. El furor de una vida que quiere la conquista de todo lo existente pero, después de recorrer todos los dominios de las pasiones y de las virtudes, regresa a su propia cuna con la desilusión más tormentosa, para buscar refugio en la eternidad. Poema de poeta y filósofo y canción de músico que saben reproducir los anhelos que fluyen en el ambiente y nos habrán de decir la verdad de la historia, con anticipación sorprendente y sobre todo con intuición de clarividencia.

Qué distinta es la aurora en la mente de Ravel. En ella es el regreso a los primeros tiempos de la Grecia, en que los pastores entonaban en siringas el dulce canto del amor y llevaban la placidez de las auroras a la tranquilidad del espíritu.

Qué diferencia tan enorme hay entre el despertar de Zaratustra en este poema y el Aleluya que se entona en el Oratorio de Haendel, en que la paz se ha conquistado, y por ello hay un cántico a la eternidad en el amor a los hombres y una beatitud para la excelencia de Dios.

Qué profundo abismo se encuentra entre la llamada de una energía desbordante de amor al propio yo, y la piadosa entrega que Bach entona en cada uno de sus Corales; o Palestrina encuentra en las glorias de sus Misas. En todos estos momentos musicales, el espíritu se abre a un nuevo mundo y señala la iniciación de una fuerte humanidad. No se encuentra el acertijo del adivino, la tempestad que lleva siniestros pensamientos, la tragedia que inunda en sangre la tierra; sino al contrario, la paz que eleva al espíritu en un intento supremo de redención.

Sin embargo, el canto de vida nueva que se encuentra en este poema, es el principio de una vida, todavía no floreciente en espíritu, sino iniciada en el aliento de un día primaveral. Bien dirigida la energía, puede llegar a ser el soplo del aliento cósmico que, en ciertos momentos, iluminará la inspiración de Beethoven con esa fuerza de los bosques que impregnan de olor a tierra mojada el ambiente y a emanación de calor que la tierra recoge de la dádiva de sol. Primera manifestación que todavía no ha encontrado el sentido, pero que sirve para los más altos destinos si se la encauza debidamente; así como para las más destructoras hazañas si el genio del mal la conduce.

Es el poema en que los instrumentos saben interpretar la frase literaria para llevar en su propio timbre, unas veces el apasionamiento de una llamada, como la de la voz de las trompetas y los cornos; otras, el dolor y aún el espanto que causa la noche oscura llena de misterios, como es el sonido que en este caso tiene el oboe; los cellos y las violas entonarán las voces de lamento y la orquesta sabrá llevar en sus tutti el esplendor de las ideas y de las resoluciones. Hay un propósito en cada disonancia, hay un por qué en cada combinación de tonalidades; y la música tiene en esos instantes la plenitud de expresión para llevar al sentimiento lo que la paleta no puede representar, lo que la piedra y el mármol no han podido entregar; lo que la cúpula no ha llegado a profundizar.

"Así habló Zaratustra", es como el poema que se levantara de la prodigiosa mente de Haydn para representar la génesis del Universo, es como el Juicio Final de Miguel Ángel que en la Capilla Sixtina allega la excelencia de la belleza en aras de una religiosidad libre de prejuicios y pletórica de contenido vital.

Mauricio Ravel

Significación Estética de la Obra Musical

DE MAURICIO RAVEL.

Conferencia pronunciada en el Conservatorio Nacional de Música por el Dr. Adalberto García de Mendoza.

Sensibilidad exquisita en la expresión. Contornos infinitos. Indeterminación en la figura. Superposición de colores tonales. Interferencias luminosas. Paisajes de Monet en ninfas de estanques silenciosos. Transparencias de luces a través de la floresta.

Expresiones orientales que semejan la esencialidad de los haikús japoneses o las líneas pulidas y sencillas de la prosa china. Exquisita armonía de las fantasías persas o complicada filigrana, de los templos hindúes.

Serenidad infinita envuelta en sexualidad displicente. Calma que lleva martirio. Alegría que se retuerce en la pesadumbre de la tristeza, Vaguedad de espíritu que anhela libertarse de sus límites absolutos.

Giverny, Casa de Monet

Jaspes de infinitos colores. Perlas de orientes misteriosos. Crepúsculos de colorido múltiple e indefinido. Pensamientos de Omar Khayyam envueltos en el dulce néctar del vino.

Y frente a la sinuosidad del color, el ritmo penetrante de la danza criolla, el ritmo elegante de la pavana a una emperatriz muerta, el ritmo de ensueño enervante en el adagio de un concierto de orquesta y teclado y el ritmo vigoroso en el cuarteto de instrumentos de cuerda.

Notas salpicadas en inmensos mantos de seda que tienen el fulgor de diamantes. Notas ligadas que llevan la sensación táctil de terciopelos y plumas de aves. Modulaciones que entregan paraísos de ensueño con paisajes del color. Sonidos luminosos en cielos negros cual estrellas centellantes. Sonidos de arpa o flauta que vibran al unísono de las más ocultas cuerdas del corazón humano.

La melodía reposa en las sugerencias de la neblina; la armonía en las disonancias del encantamiento de los símbolos y el colorido orquestal, en las sonoridades misteriosas de las grutas olvidadas o de las profundidades del Océano.

- I -

STRAUSS, RAVEL Y EL ORIENTE.

El realismo de Ricardo Strauss contrasta con la obra imaginativa de Ravel. Mundos ambos, de contradicción ostensible. El primero sumergiéndonos en la pasión desbordante de Salomé, en la filigrana vienesa de los valses del Caballero de la Rosa, en el humorismo del Gentil Hombre, en la inquietante pasión de Elektra y en el intranquilo y fugaz amor de Don Juan. En cambio Ravel invade nuestro espíritu con una atmósfera de neblina en que la silueta de la princesa oriental sigue al cortejo de dulces e íntimos ritmos; la belleza con tenue y delicado matiz melódico, contrasta con la ruda y quejumbrosa voz de la fiera en la Madre Oca; Dafnis y Cloe nos lleva a las regiones de ensueño de la exquisita Grecia y el suspiro del Septeto nos envuelve en la visión quimérica de sugerencias y arrobamientos.

Los dos saben nutrirse de los símbolos orientales pero su interpretación varia con su propia personalidad. El Oriente en la batuta de Strauss, entra en los apasionados dramas de sexualidad, de fondos dionisiacos; mientras que la paleta de Ravel tiene por horizonte; los sutiles y aromáticos jardines de Persia o de la India y las fantasías de los paraísos artificiales de la China que sumergen al hombre en paraísos de encantamiento.

En ambos, el ambiente musical corresponde al contenido. La polifonía fuerte y vigorosa con líneas marcadas y rudas, con claro-oscuros precipitados y definitivos, son las características de las pasiones en la obra musical de Ricardo Strauss. En cambio, la polifonía de Ravel es sugerente de motivos, no tiene límite a semejanza del paisaje expresionista, se pierde en la vaguedad más incierta, envuelve a la conciencia con el poder hipnotizador y sumerge al espíritu en un mundo de reflejos de infinito número de colores.

- II -

RAVEL Y LA FILOSOFÍA ORIENTAL

Wagner, por ejemplo, no capta ni otra forma, sabe no ser realista de la tragedia, ni pintor de las imaginaciones temáticas del Oriente. Intuye su sentido filosófico a comunión con los símbolos exquisitos de los poderes de la naturaleza. No es realista como Strauss, ni imaginativo y lleno de fantasía en la paleta música Ravel, es filósofo de la existencia universal y de los poderes más profundos del espíritu.

- III -

DEBUSSY, RAVEL Y LA NATURALEZA.

En Debussy o en Ravel la mar se sumerge en el juego incandescente del crepúsculo, se extasía con la luz diamantina de la luna; se hace surcos inmensos en los momentos en que se estremece lujuriosa bajo la influencia de los astros. La mar tiene el misterio de la vida en sus dragones y sirenas, símbolos impenetrables de tiempos en que el paideuma tenía todo el florecimiento de la edad juvenil guarda en los repliegues de sus senos, el infinito Colorido de sus peces, el enramaje de sus corales y la exquisita perla de oriente plagada de iris.

En la música de estos sutiles artistas, la mar tiene el murmullo sereno de la aurora, la trepidante sinfonía de la tempestad, la misteriosa voz de las noches en que la luna ha sido poderosamente cubierta con el sutil manto de las nubes.

Y esta mar, rica de ensueños y de fantasías, que hizo crear la Venus brotando de una concha, en la luminosa Grecia, ha de entregar a la paleta sonora de Debussy o de Ravel, la añoranza de pensamientos, la vivencia de sentimientos delicados y fugaces y la fuerza o delicadeza de su propia voz.

Pero si la mar entrega imágenes de sentimientos potentes y llenos de luz o de obscuridad; los lagos silenciosos, las aguas durmientes bajo la floresta negra, harán meditar en mundos pequeños que, cual microcosmos, reproducirán el espectáculo solemne del cielo cuajado de soles. El suave balance de las hojas en las ramas perezosas de los sauces sabrá guardar la vida que esconde infinitas maravillas en formas y colores.

La naturaleza no siempre lleva el sello de la claridad, de lo diáfano sabe también ser misteriosa en sus grutas, lujuriosa en sus selvas, fantástica en sus océanos, serena en sus resplandores lunares, dolorosa en la caída de las ramas por el peso de la nieve, iracunda en sus vientos y tempestades. Y hay fantasía en cada voz, y hay mundos de ensueño en cada manifestación. Por eso, cuando se oye el clamor o el murmullo de la naturaleza en las obras de Ravel, recuerda nuestro espíritu la aromática realidad esculpida en los sutiles y vigorosos espectáculos de Ramayana o Mahabarata.

- IV -

LA SONORIDAD REVELESCA

Los sonidos en la música de Ravel poseen el colorido de estos paisajes. No es el rojo vivo que se muestra en la paleta Wagner al describir les amores de Tristán e Isolda; no es la luminosidad del colorido en la diestra orquestación de Rimsky Korsakoff: es una vaga coloración de infinito número de tonos, el reflejo de luminarias u oscuridades, una limitación sugerente de formas, una insinuación de perfumes orientales o un llamado a la imaginación y a la fantasía para crear mundos nuevos de incomparable belleza.

Se perciben las ninfas del estanque con el delicado enramaje de sus colores y el sollozo de los sauces, en un atardecer de Otoño; se palpa la impresión de la violeta envuelta en el azul marino a través del cristal de un florero de Galet, se recuerdan los momentos vividos en las irrealidades de los cuentos persas y las fantasías chinas.

Pero la música de Ravel también ha sabido captar pasiones frenéticas de las danzas criollas, el pulido ritmo del vals, el minueto de la pavana del tiempo de los Luises, el acompasado caminar de la procesión religiosa en las riveras del Brahmaputra o del Ganges.

- V -

DAFNIS Y CLOE

Obra para Orquesta.

Dafnis y Cloe es una reminiscencia de la antigua Hélade. El horizonte es la pradera en que las ninfas y los faunos se disputan la belleza del amor, Rabia que preludiar la Suite segunda con el despertar del día. La serenidad de un acto nuevo de la creación, la dulzura que trae la vida en el renacer de la naturaleza, son los motivos de un momento cantado por el verso y la lira, por la talla y el color.

Amanecer del Día.

Amanecer del día, envuelto en el céfiro de la noche, en el rocío diamantino de las praderas y de las rocas, en el murmullo de los arroyos y en la cadencia luminosa de la luz solar; marcan el principio de sentimientos diáfanos en las figuras bellas de Dafnis y Cloe.

No es el despertar de la naturaleza, lleno de dolores como el parte de la vida, en la simbólica Consagración de la Primavera de Strawinsky. No es el despertar del bosque en que las figuras vigorosas de los dioses germánicos aparecerán por la magia orquestal de Ricardo Wagner. Despertar, este último, sin nebulosidades, con el vigor de una luz radiante y enérgica, para servir de fondo a las pasiones desbordantes de Wotan o Bruenhilde; a los heroísmos de Sigfrido o a las delicadezas de Elsa.

El despertar de Dafnis y Cloe de Ravel es difuso como el ensueño en la paleta colorista de Van Goth tranquilo como la duda incierta de un mundo por conocer, fascinador como la palabra amorosa de Melisande junto a la fuente de los milagros cuando cayera, al fondo de sus aguas, la joya preciada del testimonio de fidelidad.

El amanecer de Defnis y Cloe es para embriagarse del canto de Teócrito de la antigua Grecia, del clamor de Terprando en la reminiscencia helénica del misterioso Oriente. El amanecer de Dafnis y Cloe de Ravel es menos luminoso que la primavera cantada por Hafiz en la Persia galante, menos apasionada que la voz suplicante de Kalidasa en Meganuta o Nube Mensajera, a través de la literatura del Ganges.

El amanecer de Dafnis y Cloe en la diestra mano de Ravel, es el ensueño de un mundo que se escapa a las sensaciones y solo queda en la vida interna del espíritu.

Al principio Dafnis busca a Cloe, cuando los primeros rayos luminosos han invadido la tierra. Cloe, el objeto de sus amores tiernos y primitivos. Aparecen a la imaginación sonora el canto alegre de los pájaros, el roce del cuerpo y manto del pastor, conduciendo a las ovejas, con el campo húmedo de rocío; la gruta misteriosa en que se guardan de las inclemencias del tiempo, las ninfas de los bosques; los pastores, las cabras, las flores y los alientos . Dafnis y Cloe se, encuentran con el furor de un amor contenido, pero a la vez lleno de creación ingenua.

EL AMOR EN LOS DRAMAS DE WAGNER, DEBUSSY Y RAVEL.

¡Qué contraste se encuentra en estos amores, sencillos y diáfanos, y los tortuosos de Tristán e Isolda, y los apasionadamente culpables de Pelleas y Melisande! Aquí, en Dafnis y Cloe, la vida es tranquila y la emoción erótica tiene la expresión del nacimiento de una pionía. En cambio, la torturada pasión amorosa, flagelando la vida ardiente de Isolda, anonadada la existencia vigorosa de Tristán.

Así también, lleva el remordimiento al inconsciente frenético de Pelleas y tortura el alma intranquila de Melisande. El castillo señala la pasión desbordante que aparece en la antorcha en manos de Isolda; el bosque tenebroso y lleno de misterios surgen como el fondo de los cuadros flamencos, invadiendo de terror las almas de Pelleas y Melisande; y la luz de la aurora, toda llena de claridades, inunda el sentimiento se nueva vida; en las figuras apolíneas de Dafnis y Cloe.

Amores descritos en las visualidades sonoras, bajo la paleta vibrante de Wagner, sugerente de intranquilidad de Debussy y llena de ensueño de Ravel.

Solo el arte de los colores tonales del sonido, puede llegar a los rincones del amor en la exquisita gama de sus infinitas formas, en los modos mayores o menores de sus manifestaciones humanas.

La Pantomima.

La suite para concierto de Dafnis y Cloe presta, después del amanecer, la Pantomima que se corona con la entrega de Cloe a Danis, atraído por el sonido bello de la flauta, como la serpiente lo hiciera ante la penetrante melodía de anacoreta hindú.

Recuerdo de la deliciosa escena de Pan y Siringa en que después de haber sido rechazado en sus pretensiones amorosas Pan, la flauta de sonido dulce y armonioso es suficiente para atraer a Siringa al poder fascinador del amor.

La Danza

La danza final es el coronamiento de la Suite. Con el holocausto a los Dioses, el sacrificio de ovejas, el ritmo del tambor, la melodía de las flautas, la entrega de semilla a la tierra, el calor del sol y el ambiente lleno de luz y alegría, termina la danza en un regocijo vibrante y delicioso.

Parece percibirse, una vez más, la vida campestre de Grecia y Roma en que Teócrito y Virgilio entonaran himnos a la tranquilidad bucólica, en diáfanas y sentidas estrofas.

- VI -

PAVANA A UNA PRINCESA DIFUNTA.

La pavana a una princesa difunta tiene el rubor de la línea faelesca, la semblanza del espíritu de las Cortes, la dulzura de una porcelana de Sevres y la tonalidad deliciosa de un paisaje de Wateau.

Es elegante y airosa como el pavo en su caminar cadencioso. Tiene el resplandor de la cauda tupida de anillos y gemas preciosas. Brilla con la luz de las arañas cristalinas del salón imperial, en dorados y colores, marfiles y bronces, espejos y alfombras de lejanas tierras; véase desfilar a la princesa de pies diminutos, de ceremoniales delicados, de formas envueltas en la vaporosidad de los encajes y de las sedas.

Baila la princesa acompañada por la melodía punteada de la Clave, con incrustaciones de concha nácar y piálagos de color, de la pequeña orquesta con la elegancia del sonido humano del cello, la sonriente del violín y la acariciadora de la flauta. Lucen como la danza, la joya reluciente en dedos apolíneos, el blasón en paredes aterciopeladas y el arpa que reproduce el eco del baile en figuras sonoras de exquisita expresión.

Mientras en el exterior, las terrazas contemplan el ambiente de una noche misteriosa, con el olor exquisito de las flores bañadas de luna y el sentimiento recogido en la intimidad del tempo del amor, rodeado de finas y labradas columnas del Carrara.

Todo un espectáculo de belleza en que la Pavana descorre el velo que cubrieran los años idos, en que la incomprensión de la miseria humana tuviera por recompensa la nota bulliciosa de una princesa de sonriente figura.

No es la Pavana de Ravel, la danza de la Sinfonía Patética de Tchaikovski en que se mezcla el vals elegante y despreocupado de la corte, con la mazurca recogida en la quejumbrosa voz del sello y que surge del baile desenfrenado de las clases oprimidas. Contraste que hace más viva la miseria y más intensa la incomprensión. Es la Pavana, la de Ravel, sin sugerencias de hambres, ni remembranzas, de dolores.

Tenuemente se desliza como la zapatilla de la princesa sobre las figuras luisianas de la alfombra, como la mano acariciando el bucle de la amada. La Pavana es el aire de la elegancia que había de llevar, por contraste, la cuchilla finamente labrada para los momentos terroríficos en que la plebe acostumbra alzar su atormentada voz.

La Pavana pasa dulcemente, deliciosamente, como las pinturas de los tapices florentinos y como las formas de los floreros parisienses.

Val D'Orcia, Tuscany

- VII -

LA MADRE OCA

La madre Oca es el reflejo de la vida infantil, los cuentos de Perrault ilustran los pasajes luminosos y fantásticos de colorido orquestal.

La Bella Durmiente del Bosque. Envuelta en la neblina del olor verde de las praderas, sumergida en la sombra fantástica de los abetos, recogida en el murmullo suave y delicioso del arroyuelo, adormecida por la brisa de la aurora; recorre los campos de ensueño, con las claridades de la fantasía.

En la Emperatriz de las Pagodas, la melodía recuerda el lejano Oriente; la majestuosidad del ritmo es símbolo de un caminar orgulloso de muñeca, todo es luminoso como las pagodas, lleno de colores y sonoridades como el alma embriagada de ilusiones infantiles.

En cambio, el **Dialogo de la Bella y la Bestia,** lleva la sorpresa de las notas graves y sombrías del animal para contrastar con la dulzura cadenciosa de la beldad. Produce el miedo infantil e incrédulo del fantasma, en justo y hermoso contraste con las notas cristalinas de la armonía dulce y confortable. Es un pasaje de ingenuidad arrobadora y a la vez de enervamiento vaporoso y cruel.

El Jardín Encantado, es reflejo de luces, resplandor de colores difusos. Sortilegio de amatista. Luminosidad de ninfas en aguas de estanque vetusto. Armonía del silencio y de la luz sonora. Cadencia de recogimiento y visiones de paraíso encantado. Sugerencias para la imaginación vibrante e inquieta del paideuma infantil. Cascada de sonidos llenos de misteriosas armonías.

La Madre Oca, lleva a nuestro espíritu la tranquilidad del anhelo a lo increíble, la dulzura del temor y la nota displicente en el campo del ensueño.

- VIII -

EL BOLERO

El Bolero es la danza de las pasiones eróticas en tierras y selvas lujurientas. Es el apasionado ritmo de las formas para crear vida en los trópicos. Es la melodía insinuante para atraer frenética a la hembra en paisajes lujuriantes. Es la llamada de la sensualidad de las formas a los inconscientes del yo profundo en las señales freudianas de los internos lujuriantes.

Es el Bolero de Ravel un canto más intenso que el del fauno en la cultura del Mediterráneo, más penetrante que la insinuación erótica de las danzas dionisiacas en las riberas del Ganges; es, en una expresión, la voz de las selvas africanas, en que la melodía cota pero hiriente, hace florecer el espíritu embriagado de vida de las malezas, floresciente a través de las colores más intensos de las aves y de los venenos más mortales de los reptiles.

El Bolero queda en nuestra carne incrustado como la saeta que el primitivo lanzará en su lucha contra la inclemencia de los hombres de las bestias. Difícilmente nos deshacemos de este ritmo y esa melodía que tortura nuestro ser, que hiere como el clamor del mar en momentos de tempestad o como el silencio trágico de la selva.

No es una obra, el Bolero de gran trascendencia en ideas o ritmos, es un alarde de técnica, un desbordamiento de pequeñez en la repetición forja el color de la vida negra y el sentimiento pasional de la danza isleña en regiones de trópico.

Surge lentamente, como el rumor de un torrente oído en la lejanía. Poco a poco manifestase más lleno de color y sonido, para llegar a ser ensordecedor en los últimos instantes en que la corriente ha envuelto nuestros miembros y nos impulsa al vértigo en la potente pendiente de su devenir.

No es una obra de ensueño, de sentimientos suaves y acariciadores, de recuerdos apacibles y tranquilos. Es un brote de pasiones incontenibles y desbordantes, una avalancha de movimientos que no engendra, sino enloquece, que no hipnotiza, sino que lleva a la locura fascinante de las danzas enrojecidas por la luz y el calor del sol, la fatalidad y la tormenta de una existencia cargada de lívidos incontenibles.

El Bolero es la exclamación frenética de la carne en tierras de trópico y el alma enrojecida por la pasión erótica del aliento vital en la vorágine de la selva ingenua y cruel.

Tiene el lamento de las tierras españolas bañadas por el fuego de una Alhambra mora, pero es el eco, también, de inquietantes paisajes de la raza indígena en las cordilleras y planicies de la virgen América.

- IX -

LA VALSE

En el bullicio de una ciudad delirante se escucha el clamor opaco y balbuciente de la Valse. Es la Viena del siglo diez y nueve, retozando en el baile que surge de los salones de mayor elegancia europea.

Afirmase el ritmo momento a momento con el suave balanceo, la caricia insinuante, la dulce añoranza de sentimientos pretéritos y las sugerencias de atardeceres iluminados por las bujías de los salones de té y alegría.

La crinolina luce el regocijo de sus encajes en el andar y danzar de sus mujeres, el plastón cubre el pecho del galán apasionado y soberbio y el cupé, tirado por briosos corceles, armonizan con el paisaje de los valses strausianos.

La claridad descubre la incertidumbre de la impresión primera, se contempla la vida de la Viena elegante y locuaz, fogoza y bella, envuelta en la neblina de sus inviernos o en las esplendideces del sol reflejado en las azules ondas del Danubio.

El ambiente espiritual surge de la canción sencilla y amorosa de Schubert, profunda y atormentada de Brahms, delicada y sutil en las frases inquietantes de Schumann. Reina la sonrisa de la galantería, el apasionado ritmo del Vals y la ternura de la canción íntima.

El vals es la expresión alegre del pueblo, no la recogida del salón de baile en las frágiles y elegantes danzas del minueto y la Pavana, la rústica de la tarantela, ni la despreocupada de la Giga.

El vals se baila, si en parque aristócrata, en el Pratar de Viena; si en fiestas cortesanas, en salones iluminados de sonidos y formas, dispersos en la bella avenida de Kohlmarkt que conduce el Palacio Imperial de Austria, si en jardines vianeses del alto y bajo Belvedere.

El Vals hace nacer en nuestro pecho la añoranza de las fiestas imperiales de San Petersburgo, en que la paleta orquestal de Tchaikovski dibujará las líneas armoniosas de las mujeres rusas, o de las recepciones en los salones elegantes de Versalles en que se apreciará la gracia femenina y coqueta de las rubias parisinas junto a lo exótico de los embajadores de lejanos países.

Tal amplitud del ritmo en el vals y sus cadenciosa movilidad hicieron que no sólo se disfrutará de las formas bellas, sino de la sonrisa más exquisita que jamás, baile alguno, pudo tener. El Minueto es ceremonioso, apenas los labios denotan discretamente una suave caricia. La Gavota es más franca y murmura temas insinuantes de amor. El vals es la entrega absoluta, tiene la risa de la conquista, el despertar de un mundo abierto a las delicias del sentimiento gozoso y locuaz.

Termina la Valse de Ravel, con el bullicio de una época llena de ilusiones, el romanticismo que había de hacer botar las estrofas galantes, la algarabía de los cafés y las deliciosas fiestas en que el Danubio había de ser confidente discreto de los sentimientos eróticos de la vida.

- X -

CUARTETO DE CUERDA

Es el poema de la filosofía existencial que se plasma en la dicción sonora del cuarteto de Ravel.

La sonoridad diáfana del desarrollo armónico de Mozart no puede llevar a la meditación simbólica de la vida como se encuentra en este cuarteto. Sólo puede hacerse un parangón con las potentes creaciones bethovianas, las profundas meditaciones de Brahms o el sentido humano de la visión espiritual de las cuerdas de Aus Meinen Leban de Smetana.

En este cuarteto se encuentra la angustia instigadora del mundo y de la vida, la alegría diáfana de lo irracional e intuitivo, la actitud resignada en el ceño de las musas y el triunfo del encuentro de sí mismo en el proceso más intenso de la realidad existencial.

Momentos sólo comparables con el sentido angustioso de la frase de Kierkegaard, el sentimiento vital y apolíneo de Platón, la sumisión tranquila pero flagelada por la tragedia de Schiller, el encuentro de sí mismo en la meditación patrística de Agustín de Hipona y la torturada reflexión de Heidegger a través de su fenomenológica concepción del hombre.

PRIMER TIEMPO.- Alegro Moderato.- Trés doux.

Vaguedad de aspecto misterioso. Exclamaciones de profunda angustia.- melodía insinuante de goce sublime.

Génesis, este movimiento del cuarteto, de la profunda preocupación ante la existencia. Se antoja la más insinuante plegaria de la resolución resignada. La viola pulsa el sentido que el violín ruegue con dulzura y placer.

El ceño repite la interrogación para llenar la serie de dubitaciones y añoranzas. La melodía es atormentadora como el suplicio de un espíritu pletórico de comprensión.

Termina con el silencio que vuélvase angustia, y persigue la forma bella de insinuación angustiosa.

SEGUNDO TIEMPO.- Assex vif.- trés rythmé.

El gozo es sublime. Parece un retozar de niños en el florecer de primavera. Salpican las notas las delicias de una sublime cascada de colores sonoros. El pizzicato es detenido, sin embargo, por la sonrisa de una melodía de tonalidades difusas. La reflexión se prologa con todo el vigor de un dolor lejano. Es la tristeza que continua en sublime contraste con la algarabía infantil. Es la exclamación de la vida adulta en el reflejo de la existencia atormentada por la preocupación ante la nada y el todo.

Una filosofía se percibe en este pasaje que termina por recordar el primer intento, con la irreflexión y la alegría más desbordantes.

Constituye un momento de intuición y de vida de todas las fuerzas potentes del hombre, y al mismo tiempo un internarse en los más profundos rincones de la conciencia para sondear su propia naturaleza. Sublime contraste de la despreocupación con el sentido angustioso de la psiquis humana.

Se antoja compararlo con el paidema infantil, en que la vida retoza llena de sentido para llegar a la edad en que la dubitación sumerge al hombre en el caos de un anhelo de comprensión para el mundo y para la humanidad.

Es la realización dialéctica más intensa que reproduce, inconscientemente, la tragedia máxima de la humanidad y que necesita la fuerza de un espíritu para poder dar, en último término, a la vida, el aspecto diáfano y transparente del paideuma espontáneo y vigoroso de la primera edad.

¡Cuánto se debe al sublime sordo de Bonn que interpretara otra contradicción manifiesta! Nada más que la forma y el contenido son distintos, es la alegría frenética, dionisiaca frente al himno fúnebre. Es el resplandor, no de una aurora, sino de un crepúsculo, enérgico· y enrojecido por la victoria y la visión tormentosa de la nada en la desoladora realidad de la muerte complejos de la inconciencia que se desbordan fundamentalmente a través de las sinfonías, esencialmente rítmicas de la serie impar.

TERCER MOVIMIENTO.- Tres lent.

Pensativo y emotivo el desarrollo invade la subconsciencia. Se nota la sensibilidad displicente. El olvido de sí mismo en brazos del ideal. Es Schiller entregado al seño de las musas con el verso, no atormentado, no angustiado, sino lleno de placer en un sentimiento de dejadez sublime.

Nada hay más profundo que estos momentos en que la vida se entrega a una especie de olvido, de placidez, después de haber actuado en la acción desbordante de la vida. No es una completa serenidad, como la que se puede notar en algunos pasajes sublimes de Juan Sebastián Bach, no es tampoco la resignación que tiene Chopin en algunos de sus más sentidos nocturnos, no es aun la meditación profunda que Schumann tiene en el David o en el trozo fáustico: el poeta Habla. Es un dejar pasar el devenir bajo el insomnio de un narcótico. Es el paraíso forjado en la mente trastornada por el opio en los momentos íntimos y tormentosos del Oriente.

En este ambiente todo canta como el devenir de un arroyo con la ansiada luz que naciera del en ramaje más variado y múltiple de una neblina cuajada de colores, como la sonoridad difusa de finas y estupendas tonalidades.

Es un amanecer en que Afrodita renace de un mar tranquilo o en que la Bella Durmiente despertará con el arrullo del céfiro.

Y la diafanidad es evidente. Y el ensueño adquiere plasticidad en las disonancias. Se ilumina con la caricia del viento de los campos verdes y de las ondas azules que saben cubrir sutiles gasas de transparencias luminosas. Es el rocío de una mañana de infinita claridad.

CUARTO TIEMPO.- Vif et Agité.

Se desborda la imaginación en tempestades de impresiones. Es el renacer vigoroso de la existencia que fluye con la despreocupación del anhelo a nuevas formas de vida. Todo vibra en el corazón del deseo. Es el ansia de la realización. Es el placer de lo visto a través de las formas futuras, llenas de ilusiones y presagios.

Se recuerda la angustia del primer tiempo, pero ahora se triunfa sobre el destino, se lleva un nuevo amor que crea mundos de vastos y sorprendentes horizontes.

Y termina el cuarteto dejando la sensación de toda una vida envuelta en la concepción filosófica de la emoción estática, tal como aconteciera en la expresión sentida y dolorosa de Smetana, o robusta y vibrante de Ricardo Strauss, a través del Cuarteto de Mi Vida, del poema sinfónico La Vida de un Héroe.

Basílica de San Pedro
Roma, Italia

- XI -

EL CONCIERTO PARA PIANO

PRIMER TIEMPO.- Allegro

La polifonía china presenta su magnificencia. Los palillos suenan en el acompañamiento desbordante de las frases entrelazadas. Multitud de sonidos, como una verdadera cascada se desbordan de su cauce para caer y formar multitud de acordes disonantes. Bullicio por la claridad de colores, el ritmo que recuerda la Princesa de las Pagodas.

El piano se sumerge en este ambiente, que no es por cierto occidental y lleva el misterio de una pintura de Oriente en que las figuras se superponen, los cielos aparecen en el nacimiento de la tierra, las siluetas esfumadas de pájaros y peces forman arco iris con el horizonte plagado de matices de infinita tonalidad.

Los trinos se suceden en el teclado, con la diestra melodía de las cuerdas que llevan el arrebato de un éxtasis a lugares de símbolo y tragedia. El ritmo es vigoroso en el piano, reproduce la fuerza de los instrumentos de viento, que más veloces, muestran la esplendidez del Oriente en sus puertos y ciudades. Es el clamor de la multitud envuelta de faroles de papel, letreros inciensos con inscripciones gráficas de emoción pictórica que llevan espíritu y señala objetividades.

Termina el tiempo con el arrebato dantesco de esas comunidades a las que Confucio dedicara su tierna y fraternal palabra, a las que repudiaras, en el alejamiento y soledad, ese estupendo metafísico Laot Seu y a las que tornará impasible y dolorosa la concepción budística.

Shangai, Cantón, Yokihama. Puertos de goce sublime que señalan la entrada al Oriente, con el colorido de sus kimonos, la sonrisa de sus jardínes, el resplandor de sus templos y la magnificencia de sus pagodas.

Alma, la de Ravel, que supo captar paraísos de Oriente, con el estupor de la disonancia, el fragor del timbre, la sonoridad difusa, mezclada de sus melodías y el inquietante ritmo de sus gongs, tamborcillos y palillos de perfecta armonía con el anhelo y realidad cósmica.

SEGUNDO TIEMPO.

Serenidad. El piano es cadencioso como una sonata de Mozart y aún más recogido, como un preludio de Bach.

Íntima y madura la frase. Apenas perceptible el acompañamiento. Con la ingenuidad de los cantos infantiles en la pluma de Tagore, con la emoción amorosa de Francisco de Asis en las Florecitas del Alma, con la sencillez del recuerdo en el verso de Paul Forte, con la suavidad aterciopelada de Sakinalá en Kalidasa.

No hay arrobamiento, no displicencia. No existen dudas, ni inquietudes. Todo es tranquilo, como una fuente olvidada en la soledad de un bosque, como la filtración en la formación de estalactitas en rutas escondidas en la profundidad de la tierra.

Serenidad beatífica solo conseguida en momentos íntimos de la música de los clavicinistas. Con la frase diáfana, el contorno definido y severo, la idea penetrante y delicada.

El piano se ve acompañado más tarde por el sonido dulce de la flauta para poder expresar un estado aún mayor de intimidad. ¿Cómo son diáfanas estas voces que vence adornadas por un horizonte pálido y de lejanía?

Pero como es necesario llevar mayor serenidad, se emplea el corno inglés, adornado por bellísimas figuras pianísticas. Toma entonces las melodías y con sugerente y aprobadora voz, llena el espacio de nuevas formas sonoras y vivencias anímicas, las más penetrantes y bellas.

Lentamente va terminando el movimiento. Dejándonos sumidos en un estado de tranquilidad sublime, sin anhelos, sin voluntades contrariadas. Tal como debe acontecer en la práctica búdica, con la realización de Nirvana. Negación de voluntad, negación de deseos. Y como consecuencia, negación de dolor.

El espíritu recuerda al Agnus Dei de Beethoven, en su Misa en re Mayor, pero sin religiosidad vehemente; el credo en el ritual gregoriano, pero sin unción devota, ni mortificante. Es, este tiempo, un salmo de Oriente, una plegaria del Sermón Benarás, una realización de la serenidad a la que puede conducir la estupenda religión del Sakya Muni.

TERCER TIEMPO.-

El contraste es marcado. Vuelve la vida con el esplendor de sus contradicciones, el delirio de su aparente desorden y ligereza. Nada sugiera más la lucha que este constante choque de sonoridades que esta magnífica superposición de tonalidades, que este desarrollo rítmico que nos recuerda las danzas del archipiélago malayo o de la cálida tierra del África Oriental.

La música invade de alegría el ambiente. Se vuelve al regocijo con el sonido y el ruido de los instrumentos de percusión y la bulliciosa combinación de melodías en cuerdas y alientos. Todo un mundo de olvido a la muerte y a lo estático, a la serenidad y a la beatitud; sólo la entrega de las manifestaciones primarias de la existencia, a los retozos infantiles de los pueblos, a la misteriosa vida oriental envuelta en el sonido sugerente del gong y en el ruido de los guetos.

El piano recorre toda su extensión sonora, se alza potente en la atmósfera orquestal con la vivacidad de un gato montés y la elegancia de un pavo real.

El concierto de piano y orquesta de Ravel, expresa la vida y el pensamiento. La vida con el perpetuo devenir de sus contradicciones, el pensamiento con su anhelo a la serenidad y perpetuidad.es la captación del mundo oriental en que se manifiesta la visualidad más sorprendente en puertos y ciudades, en mercados y espectáculos, y la tranquilidad más perfecta en santuarios, templos y pagodas. No existe, en parte alguna del mundo, la fascinación del movimiento como en las muchedumbres de Asia, ni tampoco la serenidad que se encuentra en esos rincones de recogimiento y oración que tiende a la vida del Nirvana, al encuentro, después de la muerte, de los Ancestros, al goce de un cielo señalado en las huellas ejemplares del "Gran Estudio". Tranquilidad inmensa en el santuario shinotista, en el templo búdico o en el recinto confucismo.

Mar profundo, el Oriente. Donde se inspira el pincel orquestal de Ravel, para llega, en no lejanos tiempos, a la comprensión del hombre y a la verdadera realización del "Sentido".

EL HOMBRE

Mauricio Ravel muere en el instante de mayor abatimiento para la humanidad por el devenir de su historia que manifiesta, una vez más, la miseria destruyendo la placidez de la vida finamente pulida de la tesis que ha llegado al conservatismo.

Muere, sin tomar conciencia del mundo en el momento de la muerte. Tal vez viviendo sus mundos de fantasías, forjados en la paleta orquestal o en la filigrana del teclado. Muere, en la demencia, tal como debieran haber desaparecido los pintores del ensueño, los prosistas de la fantasía, los escultores de irrealidades. Boticelli, Baudelaire, Edgar Poe, ….

Que profunda enseñanza la de Erasmo de Rotterdam al forjar el himno a la locura en el instante en que Europa prefería el humanismo señalado supremo lugar a la existencia del hombre.

Ravel volvió a la infancia antes de entrar al silencio perpetuo o posiblemente al campo de las sonoridades estelares como pensara el exquisito matemático Pitágoras. Supo ser niño en la época en que los hombres se dan cuenta de la ingratitud del destino y de la crueldad del "Lupus" en la concepción descarnada de Hobbes a través del Leviatán. Por ventura no palpó la incomprensión que amargara los últimos instantes del Serafín del Salzburgo, Juan Wolfang Amadeo Mozart, ni del proscrito judío Benito Daruch Spinoza.

Fez y Tetuán, Tanger y Rabat, estuvieron en la mente ya trastornada de este artista glorioso e hicieron vibrar por última vez su sensibilidad e imaginación.

Había nacido en Laburdi, por una razón misteriosa, frontera del país de los Vascos. Había nacido en el siglo pasado cando se extinguía una era gris, envuelta en las locuras del Bayreuth, en las exquisiteces de las geometrías no-euclidianas, en las vaporisidades del Derecho Natural.

Su música siguió los pasos pulidos de Mozart, concentrándose en un equilibrio sugestivo y diáfano, a la vez que su frase se impregnó de la luminosidad pictórica del expresionismo y su orquestación de los enervamientos exquisitos del Oriente.

SALUD
Adalberto García de Mendoza.

Claude Debussy

Claudio Aquiles Debussy

Alocución del Dr. Adalberto García de Mendoza, Director
del Conservatorio Nacional de Música ante el micrófono
de la Estación XELA el 29 de Agosto de 1939

Nace en Saint-German-en-Laye en 1862. Obtiene el premio
de Roma que el Conservataorio de París le otorga por su bella
cantata "El hijo pródigo". Ya en Italia compone obras que
revelan sus innovaciones como "Los Tiempos de Primavera" y
"La Damoiselle élue".

Cuando regresa a Paris sufre la influencia marcada del
impresionismo que en pintura y en literatura había de tener
adeptos y creadores. Su inspiración llega a las fuentes mismas del
Oriente y de Rusia. Y es entonces cuando escribe, con armonías
nuevas la música para "Ariettes oubliées" de Verlaine, cinco
poemas sobre poesias de Baudelaire y sobre toado su famoso
poema sinfónico "La Siesta de un Fauno" y "Prelude a l'apres
midi d'un faune" inspirándose en el bello texto de Mallarmé.

Debussy nos da en este instante una personalidad definida y
entonces aborda su opera "Peleas y Melisandre" basándose en la
obra dramática de Maeterlinck que tanto simbolismo contiene.

Es en este tiempo cuando escribe su "Cuarteto", "Los tres Nocturnos" para Orquesta, "Las Prosas líricas" y otras obras más.

Peleas y Melisandre se presenta en la Opera Cómica de Paris en 1902 y constituye este acontecimiento la primera y más audaz batalla entablada contra le escuela Wagneriana.

Debussy rechaza los grandes temas emocionales que los músicos románticos habían hecho florecer y da la impresión que descubre en las cosas inanimadas un sentido anímico

"El Mar", "Las Nubes", "Juegos de agua", etc constituyen motivos de deleite musical. Aún más, se acerca al espíritu del niño y entonces escribe sus "Children Corner" que lleva tanta fantasía como el "Album de la Juventud" y las "Escenas de Niños" de Robert Schumann, el más exquisito romántico de la frase musical.

La Siesta de un Fauno la escribe en 1892; el Cuarteto para cuerda en 1893, Las Canciones de Bilitis y Los tres Nocturnos en 1898. Peleas y Melisandre en 1902; el poema intitulado "El Mar" en 1905. Las imágenes que comprende en su segunda parte de "Iberia" y muchas para piano en 1909. Y desde entonces compone sus "Arabescos", "Preludios", "Suite Bergamasque" y sobre todo su obra dramática de gran fuerza "El Martirio de San Sebastián".

"El Mar", es un poema sinfónico que nos presenta tres impresiones orquestales con tanto poder creador, que llega a constituir una nota definitiva en el arte musical.

The Children's corner suite.

Esta notable Suite que se erefiere, como su nobre lo indica "Rincon de niños" comprende las siguientes partes:

Doctor Dradus ad parnassun.
La nieve bailando.
La canción de arrullo.
La serenata de la muñeca.

Fue elaborada en 1908 y corresponde a la serie de piezas para piano, comprende además de los enunciados.

El pequeño campesino y
Cake Walk de Golliwog.

La suite Bergamaske fue realizada a princiio de 1889 y publicada en 1905. Se nota una profunda influencia de la poesía de Verlaine y Favoré y corresponde a una música de carácter descritivo.

Los cuatro movimientos son los siguientes: Preludio, Minueto Claro de luna y Pasa pié. Alguién estima que hay una relación estrecha entre esta obra y las primorosas acuarelas de Watteau. Lo más apreciádo hasta la fecha es el Claro de Luna que corresponde al tercer movimiento.

Los reflejos en el agua más tarde fueron tomados para su obra orquestal las Imágenes que es una descripción deliciosa de una pureza impresionista magnífica.

Soirée Granada corresponde a una de las tres piezas llamadas estampas en donde se capta de manera singular el espíritu español.

La Catedral sumergida corresponde a una vieja leyenda en donde se describe el misterio del mar, el nacimiento del día más tranquilo y el cántico de los monjes en la catedral que sumerje del Océano. Es una música descriptiva que corresponde a uno de los preludios de Debussy.

Ambiente Artístico En El Tiempo De Claudio Debussy

Dos grandes influencias obran para lograr la oposición de un nuevo estilo en el arte de la música en Claudio Aquiles Debussy.

El Impresionismo en la Pintura y el Simbolismo en la Literatura.

La pintura impresionista cambia la estética de las escuelas clásicas de la pintura desechando las reglas, demasiado rígidas, de la perspectiva y de los cuadros elaborados en talleres y salones de Estudio. Se tiende a ir a la naturaleza misma para captar la luz, para aprehender la visión natural de los objetos y distinguir los colores según se encuentran en la realidad.

Ya el artista del Impresionismo no le satisface la tenebrosidad que haya en el lienzo de Rubens, de Rembrandt o de Zurbarán.

Aspira a un mundo menor, en donde no sigan las esquemáticas figuras de la perspectiva geométrica; en donde los colores puedan usarse indistintamente como en las expresiones de Leonardo Da Vinci; en un contacto directo con la naturaleza, a puertas abiertas con una simplicidad que conduzca a lo llano y diáfano.

La obra pictórica de Monet, de Sisley, de Turner o de Constable; abre un horizonte en el arte, tal como se hiciera en la Cima del Renacimiento Italiano.

Debussy sufre esta influencia. No quiere las limitaciones que le impone la armonía de los clásicos y de los románticos. Huye de los motivos de Wagner en sus operas, desprecia el pesimismo de los románticos y tiene el deseo de presentar vivamente la luz sonora con sus destellos claros y evidentes.

Por otra parte, recibe Debussy la influencia de los simbolistas en el campo de las letras. Mallarmé presenta un nuevo estilo literario. Es sutil, elegante nebuloso; no reproduce la nulidad con la fuerza del impresionista, sino con la delicadeza de un perfume que se esparce en un ambiente de ensueño.

El simbolismo en la literatura presenta una subjetividad especialísima. No es la tendencia romántica de la confesión, es el deseo de superar la realidad es una emoción trascendental por su misma naturaleza de vaguedad y sublimidad.

Pienza, Tuscany

El Mar

Versión taquigráfica de la alocución del Dr. Adalberto García de Mendoza, Director del Conservatorio Nacional de Música Pronunciada en el Palacio de Bellas Artes

POEMA SINFONICO

Este poema que fuera inspirado en la contemplación de un magnifico cuadro japonés, La Ola de Korin, realiza una de las proezas de la música sinfónica de mayor penetración. Fue ejecutado en 1905. Debussy le pone, al principio de cada impresión los siguientes títulos que son altamente sugerentes:

I. "De l'aube á midi sur la Mer".
Desde el amanecer hasta la tarde en el Mar.

II. "Jeux de vagues"
Juegos de olas.

III. "Dialogue du vent et de la Mer".
Dialogo del Viento y el Mar

Estas sencillas frases tienen una expresión sublime en cada uno de los momentos musicales que Debussy nos entrega en el poema.

Siempre el artista amó con delirio al Mar. En su correspondencia encontramos expresiones fervientes:

"Aquí estoy otra vez con mi viejo amigo el Mar, escribe el artista desde una playa de Francia. Siempre inmenso y bellísimo. Debería haber solamente sirenas en el mar".

Primer Movimiento

Da la impresión de una misteriosa obscuridad. Hay música y sin embargo se percibe silencio. Poco a poco van apareciendo ciertos rumores del agua inquieta y la luz de la mañana va esparciendo sus rayos para mostrarnos, poco a poco, la razón de esos ayes, de esos murmullos que producen las olas con su perpetuo vaivén.

En realidad el ambiente es de olas grises. No hay más que misterio de una noche que va perdiéndose. Es inmensa la quietud, y en medio de la bruma de las armonías, los sonidos ascendentes dichos por las arpas y las cuerdas nos están indicando una nueva aurora para el mundo. Los timbales sirven de fondo, en sonidos opacos que todavía nos hacen recordar la noche de tinieblas.

El primer destello de color que aparece en el cielo puede señalarse por el corto tema cantado por el oboe y luego repetido por el clarinete. Parece que este fulgor luminoso se refleja en el agua ya que el conjunto de la orquesta lo insinúa constantemente, en un vaivén semejante al que tienen las olas en el mar. El corno inglés y la trompeta hacen oír sus voces en forma descendente, hasta llegar a las cuerdas para presentarnos un ambiente de mayor intimidad en el nacimiento de un nuevo día.

Pero era necesario que para señalar una nueva vida en la naturaleza, hubiera un cambio rítmico. Y éste se presenta haciendo latir al corazón ante la presencia de una nueva manifestación de la existencia.

Los tintes lánguidos que en un principio marcaron el cielo con rosa y purpura, extendieron sus matices sobre el agua, desaparecen cuando se muestra la luz del día. El cielo y el mar son cuadros magníficos de un ambiente de quietud y serenidad.

Una figura temblorosa es entonada por los violines y las violas, acompañada de una melodía que tiende hacia los bajos y repetida constantemente en los violoncellos. Esto forma un fondo para que los cornos anuncien un nuevo tema. De allí se sigue un pasaje de sutil belleza entonado por el oboe, el arpa, el violoncello y los bajos; de donde se levanta un solo para flauta, inmediatamente aumentado en intensidad por el corno inglés, sobre un acompañamiento en pizzicato. El material temático es desarrollado por la orquesta con una animación simbólica, de gran vida y que aumenta el colorido, mostrando el día que despierta sobre el mar.

La música continúa forjando más fantasía en la imaginación. Lo mágico de la luz y de la sombra sobre el agua hacen lucir aún más las blancas y vaporosas nubes que cruzan el firmamento... la sendas en verde y azul... la transparencia que va siendo cada vez mayor... la luz brillante del sol en la amorosa melodía cantada por el corno inglés y el violoncello... son apenas unas cuantas pinceladas que provoca esta música en nuestra mente.

Segundo Movimiento (Juego de las olas)

Juego... lo gozoso del elegante juego de las olas constituye el carácter de este movimiento. Unos cuantos compases nos conducen a una frase descendente realizada por la flauta y el clarinete, contestada por el corno ingles y el oboe sobre un acompañamiento continuado de las cuerdas. Un enlace encantador de todos los instrumentos nos sugiere el efecto de una alegría juguetona.

Se entona entonces una frase llena de vida en los violines, que antecede a un corto pasaje realizado por el arpa, que sugiere sutilmente el correr de las olas sobre la playa... la blanca espuma en que ella se disuelve... y su desaparición hacia las profundidades del mar.

El corno inglés, el oboe y el violín tienen pasajes de belleza sin igual en contra de un inquietante movimiento que semeja el ir y venir de las olas. Más tarde las cornetas y trompetas entonan una melodía amorosa que es recogida por los violoncellos. Pero esta melodía es interrumpida por el canto de las flautas. A continuación los violines entonan, con pasión su propia melodía, llegan a un clímax, y el movimiento termina con extrema tranquilidad en un pasaje suavemente tocado por la flauta y el arpa.

Tercer Movimiento (Diálogo del viento y el mar)

Estruendosos, turbulentos, siniestros son los esfuerzos realizados por los sellos y los contrabajos con que este movimiento principia. Una frase en la trompeta se adelanta seguida de una melodía en el oboe; el corno inglés y el fagot sobre un acompañamiento de las violas, violoncellos y bajos.

La música ahora es un dialogo entre las cuerdas e instrumentos de aliento.

El agua azotada por el viento... el mar que parece una constante emanación de espuma. Hay silbidos tenebrosos que produce el viento al pasar por entre las olas. Una lucha tempestuosa se presenta entre los elementos. Y todo esto produce en la música una impresión de algo trágico y a la vez solemne. Todo va en crescendo y se llega a momentos de delirio y de frenesí.

Pero luego la calma es producida por un acorde largo y sostenido en los primeros violines. Se oye el desarrollo del tema que se entonara al principio, para conducirnos a la cadencia del movimiento. Entonces, ya no es la tempestad la que presenta a nuestra intuición, es un retozar del viento y de las olas. Parece que la naturaleza juega en los elementos produciendo las más bellas floraciones en colores y en formas, y, a la vez, hay ciertos rugidos de choques brutales que aún recuerdan la intranquilidad de momentos pasados. Y todo ello producido por las cuerdas y los alientos, dentro del estilo característico de Debussy.

Horizontes

Con mucha razón al conversar Satie con Debussy le dice: "Debe hacerse un decorado musical, crear un clima musical, donde los personajes se muevan y hablen. Ni couplet ni motivos fundamentales; usar de cierta atmosfera como lo ha hecho en pintura Puvis de Chavannes". El consejo está de acuerdo con la música de Debussy. Esta sigue esa esfumación obscura y esa uniformidad de luz que encontramos en ese notable pintor. Puvis de Chavannes es un impresionista, pero en lugar de presentar la claridad en auroras radiantes de luz, envuelve las figuras obscuras de sus primeros planos en tenues resplandores que les hace poco precisas y sobre todo simbólicas.

Pero no sólo este pintor refuerza la imaginación de Debussy, sino aquellos otros dos que llevan mayor vigorosidad: Carriére y Wistler. Señaladores de sombras que entonan con Mallarmée, Nocturnos dramáticos, de gran sugerencia.

BIOGRAFÍA DEL DR. ADALBERTO GARCÍA DE MENDOZA

El Dr. Adalberto García de Mendoza, reconocido como "El Padre del Neokantismo Mexicano". Fue profesor erudito de filosofía y Música en la Universidad Nacional Autónoma de México por más de treinta y cinco años. Escribió aproximadamente setenta y cinco obras de filosofía (existencialismo, lógica, fenomenología, epistemología) y música. También escribió obras de teatro, obras literarias e innumerables ensayos, artículos y conferencias.

Nació en Pachuca, Hidalgo el 27 de marzo de 1900. En 1918 recibe una beca del Gobierno Mexicano para estudiar en Leipzig, Alemania donde toma cursos lectivos de piano y composición triunfando en un concurso internacional de improvisación.

Regresó a México en el año 1926, después de haber vivido en Alemania siete años estudiando en las Universidades de Leipsig, Heidelberg, Hamburg, Frankfurt, Freiburg, Cologne, y Marburg. Ahí siguió cursos con Rickert, Cassirer, Husserl, Scheler, Natorp y Heidegger, de modo que su formación Filosófica se hizo en contacto con la fenomenología, el neokantismo, el existencialismo y la axiología, doctrinas filosóficas que por entonces eran desconocidas en México.

Al año siguiente de su llegada en 1927, inició un curso de lógica en la Escuela Nacional Preparatoria y otros de metafísica, epistemología analítica y fenomenología en la Facultad de Filosofía y Letras. En estos cursos se introdujeron en la Universidad Nacional Autónoma de México las nuevas direcciones de la filosofía alemana, siendo el primero en enseñar en México el neokantismo de Baden y Marburgo, la fenomenología de Husserl y el existencialismo de Heidegger.

En 1929 recibió el título de Maestro en Filosofía y más tarde en 1936 obtuvo el título de Doctor en Filosofía. También terminó su carrera de ingeniero y mas tarde terminó su carrera de Licenciado en Derecho en la Universidad Nacional Autónoma de México. Ingresó al Conservatorio Nacional de Música de México donde rivalizó sus estudios hechos en Alemania y recibe en 1940 el título de Maestro de Música Pianista.

En 1929 el Dr. García de Mendoza hizo una gira cultural al Japón, representando a la Universidad Nacional Autónoma de México. Dio una serie de conferencias en la Universidad Imperial de Tokio y las Universidades de Kioto, Osaka, Nagoya, Yamada, Nikko, Nara Meiji y Keio. En 1933 la Universidad de Nuevo León lo invita para impartir 30 conferencias sobre fenomenología.

De 1938 a 1943 fue Director del Conservatorio Nacional de Música en México. Aquí mismo impartió clases de Estética Musical y Pedagogía Musicales.

En 1940 la Kokusai Bunka Shinkokai, en conmemoración a la Vigésima Sexta Centuria del Imperio Nipón, convocó un concurso Internacional de Filosofía, donde el Dr. García de Mendoza obtuvo el primer premio internacional con su libro "Visiones de Oriente." Es una obra inspirada en conceptos filosóficos Orientales. Recibió dicho premio personalmente en Japón en el año de 1954 por el Príncipe Takamatzu, hermano del Emperador del Japón.

Desde 1946 hasta 1963 fue catedrático de la Escuela Nacional Preparatoria (No 1, 2 y 6) dando clases de filosofía, lógica y cultura musical. También desde 1950 hasta 1963 fue catedrático en la Facultad de Filosofía y Letras y la Facultad de Ciencias Políticas de la UNAM dando clases de metafísica, didáctica de la filosofía, metafísica y epistemología analítica. También dio las clases de filosofía de la música y filosofía de la religión, siendo el fundador e iniciador de estas clases.

Desde 1945 a 1953 fue comentarista musicólogo por la Radio KELA en su programa "Horizontes Musicales." En estos mismos años dio una serie de conferencias sobre temas filosóficos y culturales intituladas: "Por el Mundo de la Filosofía." y "Por el Mundo de la Cultura" en la Radio Universidad, Radio Gobernación y la XELA.

Desde 1948 a 1963 fue inspector de los programas de matemáticas en las secundarias particulares incorporadas a la Secretaría de Educación Pública. En estos mismos años también fue inspector de los programas de cultura musical, filosofía, lógica, ética y filología en las preparatorias particulares incorporadas a la Universidad Nacional Autónoma de México.

Además fue Presidente de la Sección de Filosofía y Matemáticas del Ateneo de Ciencias y Artes de México. Fue miembro del Colegio de Doctores de la UNAM; de la Comisión Nacional de Cooperación Intelectual Mexicana; de la Asociación de Artistas y Escritores Latinoamericanos; del Ateneo Musical Mexicano; de la Tribuna de México; del Consejo Técnico de la Escuela Nacional Preparatoria de la UNAM y de la Liga de Escritores y Artistas Revolucionarios (LEAR).

Fue un ágil traductor del alemán, inglés y francés. Conocía además el latín y el griego. Hizo varias traducciones filosóficas del inglés, francés y alemán al español.

En 1962 recibió un diploma otorgado por la UNAM al cumplir 35 años como catedrático.

Falleció el 27 de septiembre de 1963 en la Ciudad de México.

CONFERENCIAS DE JAPÓN
Confencias sustentadas en la Universidad Imperial de Tokio
y diferentes Universidades de México y Japón. 1931-1934.
Editorial Jitanjáforea 2009.
redutac@hotmail.com

EL SENTIDO HUMANISTA EN LA OBRA DE JUAN SEBASTIAN BACH
Reflexiones Filosoficas sobre la vida y la obra
de Juan Sebastian Bach. 1938.
Editorial García de Mendoza 2008.
www.adalbertogarciademendoza.com

JUAN SEBASTIAN BACH
UN EJEMPLO DE VIRTUD
Escrito en el segundo centenario de la muerte de Juan Sebastian Bach
inpirado en "La pequeña cronica de Ana Magdalena Bach." 1950.
Editorial García de Mendoza 2008.
www.adalbertogarciademendoza.com

EL EXCOLEGIO NOVICIADO DE TEPOTZOTLÁN
ACTUAL MUSEO NACIONAL DEL VIRREINATO
Disertación filosófica sobre las capillas, retablos
y cuadros del templo de San Francisco Javier en 1936.
Editorial García de Mendoza 2010.
www.adalbertogarciademendoza.com

LAS SIETE ULTIMAS PALABRAS DE JESÚS
COMENTARIOS A LA OBRA DE JOSEF HAYDN
Disertación filosófica sobre la musíca, la pintura,
la literatura y la escúltura. 1945.
Editorial García de Mendoza 2011.
www.adalbertogarciademendoza.com

La Teoría de la Relatividad de Einstein

Einstein unifica en una sola formula todas las fuerzas de la Física.
Y afirma que el mundo necesita la paz y con ella se conseguirá la
prósperida de la cultura y de su bienestar. 1936.
Editorial Palibrio 2012.
Ventas@palibrio.com

La Filosofía Judaica de Maimónides

Bosquejo de la ética de Maimónides sobre el problema de la
libertad humana y la afirmación del humanismo, las dos más fuertes
argumentaciones sobre la existencia. 1938.
Editorial Palibrio 2012.
Ventas@palibrio.com

Johann Wolfgang Von Goethe

Obra escrita en el Segundo centenario del nacimiento de Johann
Wolfgang Goethe, genio múltiple que supo llegar a las profundidades
de la Filosofía, de la Poesía y de las Ciencia. 1949.
Editorial Palibrio 2012.
Ventas@Palibrio.com

Las Siete Ultimas Palabras de Jesús
Comentarios a la Obra de Josef Haydn. Segunda Edición

Disertación filosófica sobre la música, la pintura,
la literatura y la escúltura. 1945.
Editorial Palibrio 2012.
Ventas@Palibrio.com

Booz o La Liberación de la Humanidad

Novela filosófica inspirada en "La Divina Comedia" de Dante. 1947.
Editorial Palibrio 2012.
Ventas@Palibrio.com

RAINER MARIA RILKE EL POETA DE LA VIDA MONÁSTICA
Semblanza e interpretación de la primera parte del "Libro de las Horas"
"Das Buch von Mönchischen Leben" de Rilke
llamado "Libro de la Vida Monástica." 1951.
Editorial Palibrio 2012.
Ventas @Palibrio.com

HORIZONTELS MUSICALES
Comentarios sobre las más bellas obras musicales. Dichos comentarios fueron
transmitidos por la Radio Difusora Metropolitana XELA de la Ciudad de
México entre los años 1945 y 1953 en su programa "Horizontes Musicales"
1943
Editorial Palibrio 2012
Ventas@Palibrio.com

JUAN SEBASTIAN BACH
UN EJEMPLO DE VIRTUD. 3RA EDICIÓN.
Incluye El Sentido Humanista en la Obra de Juan Sebastian Bach. 1950.
Editorial Palibrio 2012.
Ventas@Palibrio.com

ACUARELAS MUSICALES
Incluye: El Anillo del Nibelungo de Ricardo Wagner. 1938.
Editorial Palibrio 2012.
Ventas@Palibrio.com

LA DIRECCIÓN RACIONALISTA ONTOLÓGICA EN LA EPISTEMOLOGÍA
Tesis profesional para el Doctorado en Filosofía presentada en el año 1928.
Facultad de Filosofía y Letras de la Universidad Nacional Autónoma de
México. Presenta las tres clases de conocimientos en cada época cultural. El
empírico, que corresponde al saber del dominio, el especulativo que tiene por
base el pensamiento, y el intuitivo, que sirve para dar bases sólidas de verdades
absolutas a todos los campos del saber. 1928.
Editorial Palibrio 2012.
Ventas@Palibrio.com

El Existencialismo

En kierkegaard, Dilthey, Heidegger y Sartre.
Programa: "Por el mundo de la cultura." Una nueva concepcion de la vida.
Serie de pláticas transmitidas por la Estación Radio México
sobre el Existencialismo. 1948.
Editorial Palibrio 2012.
Ventas@Palibrio.com

Fundamentos Filosóficos de la Lógica Dialéctica

Toda verdadera filosofía debe ser realizable en la existencia humana. Filosofía
de la Vida. En estas palabras está el anhelo más profundo de renovación de
nuestra manera de pensar, intuir y vivir. 1937.
Editorial Palibrio 2012.
Ventas@Palibrio.com

Ekanizhta

La humanidad debe realizarse a través de la existencia. Existencia que
intuye los maravillosos campos de la vida y las perennes lejanías del espíritu.
Existencia llena de angustia ante la vida, pletórica de preocupación ante el
mundo... Existencia radiante de belleza en la creación de lo viviente y en la
floración de lo eterno. 1936.
Editorial Palibrio 2012.
Ventas@Palibrio.com

Conciertos. Orquesta sinfónica de la Universidad nacional autónoma de México

Henos aquí nuevamente invitados a un Simposio de belleza en donde hemos
de deleitarnos con el arte profundamente humano de Beethoven, trágico de
Wagner, simbólico de Stravinsky, lleno de colorido de Rimsky-Korsakoff,
sugerente de Ravel y demás modernistas. 1949.
Editorial Palibrio 2012.
Ventas@Palibrio.com

Nuevos principios de lógica y epistemología
Nuevos aspectos de la filosofía

Conferencias sustentadas en la Universidad Imperial de Tokio y diferentes
Universidades de Japón y México presentadas entre los años 1931 y
1934, donde se exponen los conceptos filosóficos del existencialismo, el
neokantismo, la fenomenología y la axiología, filosofía alemana desconocida
en México en aquella época.
Editorial Palibrio 2013
Ventas@Palibrio.com

Estética Libro I
La Dialéctica en el campo de la Estética Trilogías y Antitéticos

Esta obra tiene como propósito ilustrar el criterio del gusto, no solo para las obras llamadas clásicas, sino fundamentalmente para comprender los nuevos intentos del arte a través de la pintura y la música, así como también la literatura, la escultura y la arquitectura que imponen la necesidad de reflexionar sobre su aparente obscuridad o snobismo. 1943.
Editorial Palibrio 2013
Ventas@Palibrio.com

El Oratorio, La Misa y El Poema Místico
La Música en el Tiempo

Pláticas sobre los ideales de la Edad Media con el Canto Gregoriano, el Renacimiento con el Mesías de Häendel, el Réquiem de Mozart, la Creación del Mundo de Haydn, el Parsifal de Wagner y la Canción de la tierra de Mahler. 1943.
Editorial Palibrio 2013
Ventas@Palibrio.com

Función social de las Universidades Americanas
Segunda Conferencia Interamericana

Crear una cultura americana es un intento que debe fortalecerse con una actividad eficiente y es propiamente el momento propicio para lograr la unificación humana del proletariado sobre bases de dignidad y superación. 1937.
Editorial Palibrio 2013
Ventas@Palibrio.com

La Evolución de la Lógica de 1910 a 1961
Reseña histórica de la Lógica

Los libros y las clases presentados por García de Mendoza entre los años 1929 y 1933 son de suma importancia ya que presentan nuevos horizontes en el campo de la Lógica y señalan claramente nuevos derroteros en el estudio de ella. 1961.
Editorial Palibrio 2013
Ventas@Palibrio.com

Antología de Obras Musicales
Comentarios

Comentarios sobre las más bellas obras Clásicas Musicales. 1947.
Editorial Palibrio 2013
Ventas@Palibrio.com

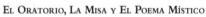

MANUAL DE LÓGICA
PRIMER CUADERNO
Obra de suma importancia, que señala la urgente necesidad de emprender nuevos derroteros en el estudio de la Lógica. Descubre nuevos horizontes despertando gran interés por el estudio de esta disciplina. 1930.
Editorial Palibrio 2013
Ventas@Palibrio.com

FILOSOFIA DE LA RELIGIÓN
La Filosofía de la Religión trata de la existencia y de las cualidades de Dios, de su posición frente al mundo en general y al hombre especialmente y de las formas de la religión, desde los puntos de vista psicológico, epistemológico, metafísico e histórico. 1949.
Editorial Palibrio 2013
Ventas@Palibrio.com

POR EL MUNDO DE LA FILOSOFÍA
REFLEXIONES PERSONALES
Conferencias transmitidas por "Radio Universidad" sobre el neokantismo, la fenomenología y el existencialismo, filosofía alemana introducida en México por primera vez en el año de 1927 por el Dr. García de Mendoza. 1949.
Editorial Palibrio 2013
Ventas@Palibrio.com

FUENTE DE LOS VALORES Y LA SOCIOLOGIA DE LA CULTURA
Se establecen las relaciones entre la Ciencia y la Filosofía para darnos cuenta de lugar que debe ocupar la teoría de los valores y el lugar que le corresponde a la Sociología de la Cultura. 1938.
Editorial Palibrio 2013
Ventas@Palibrio.com

IDEAL DE LA PAZ POR EL CAMINO DE LA EDUCACIÓN
Reconocer la dignidad, la igualdad y el respeto a la persona humana es el pináculo de cultura que el mundo futuro exige. Toda la guerra ha sido un destrozo a este ideal; toda ella originada por la barbarie y la ambición, ha llevado al hombre a olvidar la dignidad humana, el respeto al ser humano, la igualdad de los hombres. 1946.
Editorial Palibrio 2014
Ventas@Palibrio.com

Lógica

Libro de texto publicado en 1932 en la UNAM en donde se introdujo la Fenomenología por primera vez en México en 1929, siendo el autor el primer introductor y animador de la Filosofía Alemana en México, reconocido como "El Padre del Neokantismo Mexicano".
Editorial Palibrio 2014
Ventas@Palibrio.com

Schumann

El album de la juventud

Schumann escribió este " Album de la Juventud" que es un conjunto de composiciones musicales de una inspiración sublime, inspiradas en poetas como Goethe, Byron, Richter y otros más.
Editorial Palibrio 2014
Ventas@Palibrio.com

Primeros anales del Conservatorio Nacional de Música

En los "Anales del Conservatorio" se consignan todos los datos necesarios sobre la actividad artística del Conservatorio así como el reglamento y plan de Estudios, Programas de clases, Conferencias y Conciertos.
Editorial Palibrio 2014
Ventas@Palibrio.com

Enciclopedia Musical

En este libro encontramos un estudio detenido de los elementos de altura, duración, entonación, intensidad etc que nos dan la facilidad de comprender la belleza de la música y su sentido expresivo.
Editorial Palibrio 2015
Ventas@Palibrio.com

Museo Nacional del Virreinato. Tepotzotlán

Disertación filosófica de las capillas, los altares y las pinturas del Templo de San Francisco Javier. Documento único y valioso del periodo virreinal de México. 1936.
Editorial Palibrio 2015
Ventas@Palibrio.com

Epistemología: "Teoría del Conocimiento"

Síntesis de la obra "Teoría del conocimiento" de J. Hessen. Es una introducción a los problemas que el conocimiento plantea. Presenta el vasto panorama de tales cuestiones, los diferentes puntos de vista y las varias soluciones propuestas. 1938.
Editorial Palibrio 2015
Ventas@Palibrio.com

La filosofía oriental y el puesto de la cultura de Japón en el mundo

Libro premiado con el primer lugar del Concurso Internacional de Filosofía Oriental, cuyo premio le fue entregado en Japón por Su Alteza Imperial, el principe Takamatsu, hermano del Emperador de Japón. 1930.
Editorial Palibrio 2015
Ventas@Palibrio.com

Fenomenología. Filosofía moderna

Fenomenología: Filosofía moderna expone la filosofía Alemana contemporanea a través de las ideas de los fenomenó logos: Husserl, Scheler y Heidegger. 1933
Editorial Palibrio 2015
Ventas@Palibrio.com

Romanticismo en la vida y la obra de Chopín

El romanticismo en la obra de Chopín canta con la libertad más grande y entona la romántica frase, pinta con enardecimiento su más íntima convicción y hace versos en la intimidad de su corazón. 1949
Editorial Palibrio 2015
Ventas@Palibrio.com

Derecho existencial

"El Derecho Existencial" se impone cada día más y más y la comprención de la filosofía general y especialmente de la Filosofía del Derecho debe satisfacer a las exigencias que indudablemente nos vamos a encontrar después de la guerra actual cuando se trate de resolver las situaciones jurídicas en un sentido de sinceridad y de realidad. 1932
Editorial Palibrio 2015
Ventas@Palibrio.com

POR EL MUNDO DE LA MUSICA
El propósito de estas conferencias, es el de proporcionar el conocimiento de la belleza de la música y su enorme importancia en la cultura de los pueblos y de los individuos. 1950
Editorial Palibrio 2015
Ventas@Palibrio.com

EL ESOTERISMO DE LA DIVINA COMEDIA Y BOOZ O EL FILÓSOFO DE LA CIUDAD HUMANA
"El Esoterismo de la Divina Comedia" y "Booz o la Liberación de la Humanidad", es una Disertación Filosófica sobre la "Divina Comedia" de Dante Alighieri, que presenta la vida en su múltiple transformación y en su perpetuo crear. 1947.
Editorial Palibrio 2016
Ventas@Palibrio.com

LA CIENCIA COMO INTEGRADORA DE LA CULTURA
Serie de conferencias que presentan nuevas visiones en la historia, nuevos principios para la concepción de la naturaleza, nuevas soluciones para el complicado problema del espíritu y nuevos aspectos en la vida social. 1951
Editorial Palibrio 2016
Ventas@Palibrio.com

CURSO DE ÉTICA
La existencia que sólo puede llevarnos para comprender a la humanidad y la finalidad del hombre frente a todas las finalidades del universo, principalmente a la finalidad de la sociedad. 1930.
Editorial Palibrio 2016
Ventas@Palibrio.com

PENSAMIENTOS DE UNA MUJER Y SELECCIONES LITERARIAS
Serie de refranes, pensamientos y comentarios sobre música, ciencia, filosofía y otros temas. 1946
Editorial Palibrio 2016
Ventas@Palibrio.com

La Universidad

Alcance de su labor educativa y social y Conferencias Filosóficas

Libro que trata sobre las Universidades del futuro que deben sostener como pendón de sus actividades la tesis de un resurgimiento consciente y verdadero de la democracia y de la libertad. 1950.
Editorial Palibrio 2016
Ventas@Palibrio.com

La experiencia moral fundamental

Una introducción a la Ética de Herman Nohl

Comentario a la obra de Hermann Nohl "Una introducción a la Ética" que incluye el "Menón", diálogo Platónico que trata de llegar a definir lo que se entiende por virtud, que es un estado de ánimo propio de los seres fuertes para vencer en las empresas nobles y difíciles. Curso ofrecido en la clase de Etica en el Colegio Aleman en 1956.
Editorial Palibrio 2016
Ventas@Palibrio.com

El hombre integral en la nueva educación

Congreso pedagógico de la Unesco celebrado en Monterrey, sobre la educación 1946

Comentarios sobre el mensaje de la UNESCO en Monterrey, México sobre la educación para la libertad y la paz. 1948
Editorial Palibrio 2017
Ventas@Palibrio.com

El problema de los valores y la sociología de la cultura 1933

Este obra trata de la creación de la cultura que necesita tanto del genio, como de las exigencias y aspiraciones de los pueblos. 1933.
Editorial Palibrio 2017
Ventas@Palibrio.com

Beethoven

En este libro se presenta una de las más bellas expresiones de la música vocal e instrumental, la cual resume todas las exigencias que el ritual exige para el sacrificio desarrollado a través de la Liturgia. 1940.
Editorial Palibrio 2017
Ventas@Palibrio.com

CULTURA MUSICAL

PRIMER AÑO

Este curso trata de enseñar a escuchar correctamente una obra musical. Así como se necesita saber mirar una buena pintura, así también es necesario saber escuchar. 1956.
Editorial Palibrio 2017
Ventas@Palibrio.com

CULTURA MUSICAL

SEGUNDO AÑO

En este curso se enseña entre otros temas, la naturaleza de la música del Renacimiento, el estilo Barroco, la escuela çlásica, la tendencia Romántica, la formulación Impresionista y asi sucesivamente. De esta manera quedará impreso indeleblemente en la mente del joven un conocimiento de forma viviente. 1956.
Editorial Palibrio 2017
Ventas@Palibrio.com

ENFOQUES MUSICALES

PRIMER CURSO SUPERIOR

El texto expone la comprensión de la naturaleza del arte musical, a través de sus varias formas de expresión para comprender el sentido de la música. 1956.
Editorial Palibrio 2018
Ventas@Palibrio.com

ESTAMPAS MUSICALES

SEGUNDO CURSO SUPERIOR

Libro de Texto que estudia las formas musicales más importantes a través de la historia ofreciendo el más bello horizonte de especulación filosófica, científica y artística. 1956.
Editorial Palibrio 2018
Ventas@Palibrio.com

CLAUDIO DEBUSSY
UN ENSAYO Y UNA IMPRESIÓN

En esta obra se estudian la fuentes del Imprecionismo Musical de Debussy, el cual se encuentra en el arte pictórico y poético. Forma nueva en donde la subjetividad domina para realizarse en la música, la pintura y la poesia. 1951
Editorial Palibrio 2018
Ventas@Palibrio.com

HISTORIA DE LA LÓGICA

Texto que estudia la discipllina filosófica de los pensamientos representada por Aristóteles, Platón, Santo Tomás de Aquino, Decartes, Augustus y otros más a través de la época Antigua, Media, Moderna y Contemporánea. Dr. Adalberto García de Mendoza y Dr. Evodio Escalante. 1930
Editorial Palibrio 2018
Ventas@Palibrio.com

TRATADO DE ARMONÍA

El fin de esta obra es abordar el estudio de la armonía. Saber imaginar en la mente y en la emoción los efectos sonoros de un enlace de acordes, enseñar los principios armónicos substanciales y explicar estos principios armónicos. 1940
Editorial Palibrio 2018
Ventas@Palibrio.com

SEGUNDOS ANALES DEL CONSERVATORIO NACIONAL DE MÚSICA

En este Segundo tomo de los Anales se presentan las labores de maestros y alumnos del Conservatorio con la finalidad de impulsar el arte musical. 1941
Editorial Palibrio 2018
Ventas@Palibrio.com

TERCEROS ANALES DEL CONSERVATORIO NACIONAL DE MÚSICA. FORMULADOS Y REDACTADOS POR LOS PROFESORES Y EL DIRECTOR. MÉXICO AÑO DE 1941. TOMO III

Los documentos en este tercer libro del Conservatorio describen las actividades y reformas que se desarroyaron entre los años 1938 a 1943 bajo la dirección del Dr. Adalberto García de Mendoza, director del Conservatorio.
Editorial Palibrio 2018
Ventas@Palibrio.com

LA ESTÉTICA DEL ARTE DEL CLAVECÍN. 1940

Este libro trata de los estilos barroco y rococó en el arte y la significación del arte clavecinisto y su trascendencia frente al estilo clásico.
Editorial Palibrio 2018
Ventas@Palibrio.com

CONFERENCIAS OFRECIDAS EN JAPÓN Y MÉXICO SOBRE EL NEOKANTISMO DE BADEN Y MARBURGO, LA FENOMENOLOGÍA DE HUSSERL Y EL EXISTENCIALISMO DE HEIDEGGER. 1931

Editorial Palibrio 2018
Ventas@Palibrio.com

EL SENTIDO HUMANISTA DE UNA NUEVA ENSEÑANZA MUSICAL. 1943

Un Conservataorio es una Institucion donde se forjan los hombres que van a divulgar el arte de la música en individuos y colectividades y poder señalar un nuevo horizonte al sentimiento artístico de los sonidos.
Editorial Palibrio 2019
Ventas@Palibrio.com

ESTÉTICA MUSICAL. 1941

La cátedra de Estética Musical debe ser siempre ampliamente ilustrada con la reproducción de obras musicales de todos los tiempos y de todos los países, pero haciendo notar fundamentalmente, la excelencia de las obras contemporáneas que requieren, para su comprensión, un profundo conocimiento de nuestra propia existencia.
Editorial Palibrio 2019
Ventas@Palibrio.com

EL MESÍAS HENDEL Y OTROS COMPOSITORES 1940

Esta obra fue presentada por primera vez en México, dirigido por el maestro Miguel C. Meza, cantado íntegro por el Coro del Conservatorio Nacional de Música, el 21 de diciembre de 1940.
Editorial Palibrio 2019
Ventas@Palibrio.com

LA MÚSICA, LAS MATEMÁTICAS Y LA FILOSOFÍA

El autor describe en este texto a las matemáticas como vibraciones de la inteligencia pura, y la música como vibraciones del sentimiento bello. La primera es el dominio del Logos, la segunda es el campo de la belleza. 1951
Editorial Palibrio 2019
Ventas@Palibrio.com

EL ROMANTICISMO EN LA MÚSICA

EL AUTOR NOS PRESENTA EL ROMANTICISMO REPRESENTADO POR COMPOSITORES DEL SIGLO XVIII Y PARTE DEL XIX CON UN MUNDO DE REALIDADES ANÍMICAS EN QUE LA OBJETIVIDAD ADQUIERE SU MAYOR ESPLENDOR Y SABE INTERNARSE UNICAMENTE EN EL MICROCOSMOS HUMANO. 1942

EDITORIAL PALIBRIO 2019
VENTAS@PALIBRIO.COM

CPSIA information can be obtained
at www.ICGtesting.com
Printed in the USA
BVHW030220100120
569072BV00012B/3/P